David Hume

Geschichte von Großbritannien

Aus dem Englischen übersetzt

David Hume

Geschichte von Großbritannien
Aus dem Englischen übersetzt

ISBN/EAN: 9783743471566

Hergestellt in Europa, USA, Kanada, Australien, Japan

Cover: Foto ©ninafisch / pixelio.de

Weitere Bücher finden Sie auf **www.hansebooks.com**

Sammlung
der
Besten Schriftsteller,

welche
die Geschichte, besondere Rechten, Sitten,
und Gewohnheiten der Völker nach
ihren Grundsätzen

a b g e h a n d l e t h a b e n.

Vier und Vierzigster Band.

Hume Geschichte, zwölfter Band.

Mit Römisch = Kaiserlich = allergnädigstem Privilegio, und
Kuhrpfalz = Bayrischer gnädigsten Conceßion.

Frankenthal,
zu finden bey Ludwig Bernhard Friderich Gegel,
kurpfälz. privil. Buchdruckern. 1787.

David Hume, Esq,

Geschichte

von

Großbritannien.

XII. Band.

Von

Elisabeth.

Aus dem Englischen übersetzt

Frankenthal,
gedruckt bey Ludwig Bernhard Friederich Gegel,
kurpfälz. privil. Buchdruckern. 1767.

Inhalt

des zwölften Bandes.

Elisabeth.

Sechstes Kapitel.

Inhalt.

Siebentes Kapitel.

Fortsetzung
der
Geschichte von England
unter dem
Hause Tudor.

Sechstes Kapitel.

Französische Angelegenheiten. Ermordung des Herzogs von Guise. Ermordung Heinrichs des Dritten. Fortgang Heinrichs des Vierten. Seeunternehmungen wider Spanien. Ein Parlament. Heinrich der Vierte nimmt die katholische Religion an. Schottische Angelegenheiten. Seeunternehmungen. Ein Parlament. Frieden zu Vervins. Der Graf von Essex.

Nach einem sehr angstvollen und mit vielen Schwierigkeiten durchwebten Zustande hatte Elisabeth (i. J. 1590) endlich eine Lage gewonnen, worin sie, bey aller Aufmerksamkeit, die ihre An-

gelegenheiten noch erfoderten, und bey aller Be-
ſchäftigung für ihren muntern Geiß, fern von aller
Gefahr einer unmittelbaren Veränderung war, und
die Bemühungen ihrer Feinde mit einem gewiſſen
Grade von Zuverſicht und Sicherheit betrachten
konnte. Ihre glückliche und weiſe Staatsverwaltung hatte ihr, nebſt der Bewunderung der Fremden, die Liebe ihrer eignen Unterthanen erworben;
und nach dem Tode der Königin von Schottland
ſtelleten ſich ſelbſt die Katholiken, ſo mißvergnügt
ſie auch waren, als wenn ſie keiner andern Perſon,
als ihrem Mitwerber und Nebenbuhler, anhiengen.
Jakob, der dem Parteygeiſte ſeines hohen Adels
und ſeiner Geiſtlichkeit unterlag, hatte in ſeinem
Lande ſehr geringes Anſehn; und ſtrebte ängſtlich
darnach, mit Eliſabeth und der engliſchen Nation
im guten Vernehmen zu bleiben; in Hoffnung, daß
die Zeit, mit Hülfe ſeiner ruhigen Geduld, ihn jener
reichen Erbſchaft verſichern würde, wozu ſeine
Geburt ihn berechtigte. Die Holländer zogen zwar
in ihrem Streite mit Spanien den Kürzern, thaten
aber doch noch hartnäckigten Widerſtand; und ihr
unbezwingbarer Widerwillen gegen ihren alten
Herrn, nebſt der klugen Aufführung ihres Statthalters, des jungen Moritz, war ſo groß, daß
die Ueberwindung dieſes kleinen Landes, wenn ſie

gar

gar möglich war, das Werk einiger Jahre, und
die Folge vieler und großer wohlgelungener Streiche
seyn mußten. Philipp, der in seinem mächtigen
Versuche wider England, sich von Rache und
Ehrsucht über die Gränzen seiner gewöhnlichen
vorsichtigen Grundsätze hatte hinreißen laßen, war
jetzt außer Stand gesetzt, und noch mehr muthloß
gemacht, wieder auf so gefährliche Unternehmun=
gen auszugehen. Auch die Lage der Sachen in
Frankreich fieng an, seine Aufmerksamkeit haupt=
sächlich zu beschäftigen: Aber ungeachtet aller seiner
List und Gewalt, und aller seiner Kosten, zeigten
sich die Begebenheiten in diesem Königreiche täglich
mehr seinem Verlangen zuwider, und den Freunden
und Bundesgenossen Englands günstiger.

Da die Gewalt der Ligue Heinrichen gezwungen
hatte, wider die Hugonotten den Krieg zu erklären,
schienen diese Glaubenseiferer der äußersten Gefahr
ausgesetzt zu seyn; und Elisabeth, welche die in=
nige Verbindung ihrer eignen Vortheile mit dieser
Partey merkte, hatte den König von Navarra
durch ihre Unterhandlungen in Deutschland unter=
stützt, und noch mehr durch ansehnliche Geldsum=
men, die sie zur Soldatenwerbung dahin gesandt.
Dieser heldenmüthige Fürst ließ sich durch die große
Obermacht seiner Feinde nicht abschrecken, und

rückte in das Feld; und erhielt in dem Jahre 1587,
bey Coutras, einen völligen Sieg über die Armee
des Königes von Frankreich: Da aber zu gleicher
Zeit seine Bundesgenossen, die Deutschen, durch
die Armee der Ligue, unter dem Herzoge von Guise,
geschlagen wurden, schien die Lage seiner Sachen,
jenes Sieges ungeachtet, noch eben so verzweifelt
als jemals. Der Hauptvortheil, den er aus dieser
Verschiedenheit ihres Glückes zog, waren die
Trennungen, die dadurch unter seinen Feinden
veranlasset wurden. Die Inwohner von Paris
waren trunken von der Bewunderung des Herzogs
von Guise, und stark eingenommen wider ihren
König, dessen Absichten ihnen verdächtig geworden
waren; griffen zu den Waffen, und zwangen
Heinrichen, zu seiner Sicherheit zu flüchten.
Dieser Fürst verbarg seine Erbitterung, ließ sich in
eine Unterhandlung ein mit der Ligue; und nach-
dem er Guisen und seinen Anhängern viele hohe
Bedienungen anvertrauet hatte, berief er eine
Versammlung der Staaten zu Blois, unter dem
Vorwande, Mittel ausfindig zu machen, zur
bessern Führung des Krieges wider die Hugonotten.
Die mancherley Auftritte der Treulosigkeit und
Grausamkeit in Frankreich hatten billig ein gegen-
seitiges Mißtrauen zwischen allen Parteyen ver-

ur-

urſachet: Doch verließ ſich Guiſe mehr auf die
Furchtſamkeit, als Ehre des Königes; übergab
ſich geſchwinde den Händen dieſes Monarchen;
und hoffete, durch die Obermacht ſeines Geiſtes
ihn zum Nachgeben gegen alle ſeine ausſchweifen-
den Foderungen zu bringen. Heinrich war zwar
von ſanfter Gemüthsart, unbeſtändig in ſeinen
Entſchlüſſen, und auch in ſeinen Verſprechungen,
doch fehlete es ihm weder an Muthe, noch an
Fähigkeit: Und da er ſeine feinſte Liſt durch Guiſens
Lebhaftigkeit vereitelt, und ſelbſt ſeinen Thron
der drohendſten Gefahr ausgeſetzt ſah; griff er
zu gewaltſamern Rathſchlüſſen, als ihm natürlich
waren, und ließ dieſen Herzog und deſſen Bru-
ber, den Cardinal von Guiſe, in ſeinem Palaſte
ermorden.

Dieſe grauſame Hinrichtung, die durch die
Noth allein konnte entſchuldiget werden, wäre
bald für den Urheber unglücklich ausgefallen, und
ſchien ihn zuerſt in größere Gefahren zu ſtürzen,
als die er zu vermeiden ſuchte, indem er ſich an
ſeinem Feinde rächete. Die Anhänger der Ligue
waren von der äußerſten Wuth gegen ihn ent-
brannt; der Pöbel entſagte überall, beſonders zu
Paris, aller Unterthänigkeit gegen ihn; die
Geiſtlichen und Prediger erfülleten alle Oerter mit

A 3 Flü-

Flüchen wider seinen Namen; und die mächtigsten
Städte und reichsten Provinzen schienen sich in dem
Entschlusse zu vereinigen, der Monarchie zu entsa-
gen, oder ihren Monarchen zu verwechseln. Weil
Heinrich unter seinen katholischen Unterthanen
schlechten Beystand fand, war er gezwungen, in
ein Bündniß mit den Hugonotten und dem Könige
von Navarra zu treten; er warb große Haufen
schweizerischer Fußvölker und deutscher Reuterey;
und da er noch immer von seinem vornehmsten Adel
unterstützt war, brachte er durch alle diese Mittel
eine Armee von beynahe 40,000 Mann zusammen,
und rückte vor die Thore von Paris, und die Ligue
unter den Fuß zu bringen, und alle seine Feinde zu
überwinden. Der verzweifelte Entschluß eines
Einzigen hemmete den Lauf dieser großen Begebenheiten. Jakob Clement, ein Dominikanermönch,
von jenem blutigen Geiste der Andächteley angefeuert, der dieses Jahrhundert und einen großen
Zeitraum des folgenden, mehr als andre Zeitalter
der Welt unterschied, faßte den Entschluß, sein
Leben aufzuopfern, um die Kirche von den Verfolgungen eines ketzerischen Tyrannen zu retten; und
da er unter einem Vorwande zu dem Könige gelassen
ward, versetzte er diesem Fürsten einen tödtlichen
Stich mit einem Messer; und ward auf der Stelle
von

von den Hofleuten getödtet, die geschwind die Ermordung ihres Monarchen rächeten. Diese merkwürdige Begebenheit ereignete sich am ersten des
Augustmonats, 1589.

Der König von Navarra, als nächster Kron-
erbe, übernahm die Regierung, unter dem Namen
Heinrichs des Vierten; er erbte aber zugleich
größere Schwierigkeiten, als die waren, die seinen
Vorgänger umringeten. Die Vorurtheile wider
seine Religion machten ihm einen großen Theil des
hohen Adels abwendig; und bloß durch sein
Versprechen, Unterredungen und Belehrungen
Gehör zu geben, konnte er einige Katholiken bewegen, seinem ungezweifelten Rechte beyzufallen.
Die Ligue, die der Herzog von Mayenne, Guisens
Bruder, anführte, sammelte neue Kräfte; und
der König von Spanien hegte Hoffnung, entweder
die Monarchie zu zertheilen, oder sie ganz mit seinen
eignen Ländern zu vereinigen. In diesen bedräng-
ten Umständen wandte Heinrich sich an Elisabeth,
und fand sie wohl geneigt, ihn unterstützen zu
helfen, und dem Fortgange der katholischen Ligue,
und des Königes von Spanien, ihrer alten und
gefährlichen Feinde, zu wehren. Um den Abfall
seiner Schweizer und Deutschen zu verhüten, machte
sie ihm ein Geschenk von 22,000 Pfund; eine größre

Sum-

Summe, als er, nach seiner eignen Erklärung,
jemals vorher gesehn hatte: Und sie sandte ihm
eine Verstärkung von 4000 Mann, unter Lord
Willoughby, einem berühmten Officier, der bey
Dieppe zu den Franzosen stieß. Durch diese Hülfe
gestärkt, rückte Heinrich gerade auf Paris an; und
da er die Vorstädte durch das Schwerdt erobert
hatte, überließ er sie seinen Soldaten zur Plün-
derung. Er brauchte dieses Heer Engländer bey
vielen andern Unternehmungen; und fand immer
große Ursache, ihre Herzhaftigkeit und Treue zu
loben. Da ihre Dienstzeit abgelaufen war,
entließ er sie mit vielen großen Lobsprüchen. Sir
Wilhelm Drury, Sir Thomas Basterville, und
Sir Johann Boroughs, erwarben sich Ruhm in
diesem Feldzuge, und belebten in Frankreich wieder
den alten Ruf der englischen Tapferkeit.

Die Armee, die Heinrich in dem folgenden
Feldzuge anführte, war weit unter der Armee der
Ligue; da sie aber aus dem vornehmsten Adel
Frankreichs bestand, fürchtete er sich nicht, seinen
Feinden eine ordentliche Schlacht zu liefern, und
gewann bey Yvre'e einen völligen Sieg über sie.
Dieses Glück setzte ihn in Stand, Paris einzu-
schliessen, und er setzte diese Stadt in die äußerste
Hungersnoth: da der Herzog von Parma, nach
Phi-

Philipps Befehlen, zur Unterstützung der Ligue
anrückte, und Heinrichen zwang, die Bloquabe
aufzuheben. Nachdem er diesen wichtigen Dienst
geleistet hatte, zog er sich zurück in die Niederlande;
und vollführte durch seine vollkommne Geschicklichkeit in der Kriegskunst, diese langen Märsche im
Angesichte des Feindes, ohne dem französischen
Monarchen die gesuchte Gelegenheit zu geben, ihm
eine Schlacht zu liefern, oder auch nur einmal seine
Armee in Unordnung zu bringen. Der einzige
Verlust, den er litt, war in den Niederlanden;
wo Prinz Moritz sich seiner Abwesenheit zu Nutz
machte, und einige Städte wieder eroberte,
die Parma vorher den Staaten abgenommen
hatte. d)

A 5   So

d) In diesem Jahre litt die Nation einen großen Verlust durch den Tod des Staatssecretairs Sir Franz
Walsinghams, eines Mannes, der durch seine Geschicklichkeit und Redlichkeit gleich berühmt war. Er
war in vielen Bedienungen gestanden, in seinen Ausgaben sehr sparsam gewesen; und starb doch so arm,
daß seine Familie gezwungen war, ihm ein Privat-
begräbniß zu geben. Er hinterließ nur eine Tochter, die
zuerst mit Sir Philipp Sidney vermählt war, darauf
mit dem Grafen von Essex, Elisabeths Lieblinge, und
zu-

So viel Heinrichen die Lage seiner Sachen
versprach, so waren sie doch (i. J. 1591) nicht so
weit fortgeschritten, oder in so sicherer Verfassung,
daß die Königin mit ihrem Beystande hätte auf-
hören können; und sie ward weit mehr in dem
Entschluß bestärkt, ihn zu unterstützen, durch
einige von dem Könige in Spanien erhaltne
Vortheile. Der Herzog von Mercoeur, Statthalter in Bretagne, ein Prinz aus dem Hause
Lothringen, hatte sich für die Ligue erklärt; und
da er sich durch Heinrichs Kriegsmacht sehr in die
Enge getrieben sah, war er genöthiget worden, zu
seiner Sicherheit spanisches Kriegsvolk in die Seestädte dieser Provinz einzunehmen. Elisabeth ward
durch diese Gefahr beunruhiget; und sah voraus,
daß die Spanier sowohl den englischen Handel
durch Freybeuter stören, als auch diese Häven
zum Sitze ihrer Seerüstungen machen, und aus
dieser nahen Nachbarschaft leichter, als aus
Spanien oder Portugal, eine Landung auf
Eng-

zuletzt mit dem Grafen von Clanricarde aus Irland.
In eben dem Jahre starb Thomas Randolph, den die
Königin zu verschiednen Gesandtschaften nach Schott-
land gebraucht hatte; wie auch der Graf von Warwic,
Leicesters ältester Bruder.

England unternehmen könnten. Sie schloß daher einen neuen Vertrag mit Heinrichen, worin sie sich verpflichtete, 3000 Mann hinüber zu senden, Bretagne wieder zum Gehorsam zu bringen; und sich ausbedung, daß ihre Kosten, in einem Jahre, oder sobald der Feind vertrieben wäre, ihr wieder erstattet würden. e) Dieses Kriegsvolk führte Sir Johann Norris, und unter ihm sein Bruder Heinrich, und Anton Schirley. Sir Roger Williams war an der Spitze eines kleinen Haufens, der zu Dieppe in Besatzung lag; und ein Geschwader der Schiffe unter Sir Heinrich Palmer, lag an der französischen Küste, und nahm alle Schiffe weg, die den Spaniern, oder der Ligue zugehörten.

Kriegsbegebenheiten lassen sich nicht leicht voraus durch Vertrag oder Abrede anordnen; und Heinrich, der es nöthig fand, die entworfne Unternehmung wider Bretagne zu verschieben, beredete die englischen Befehlshaber, sich mit seiner Armee zu vereinigen, und an dem Kriege Theil zu nehmen, den er in der Picardie führte. f) Des Verdrusses ungeachtet, den Elisabeth über diese

fehl=

e) Camden, 561.
f) Rymer, 14, 116.

fehlgeschlagne Absicht empfand, legte er ihr einen
Entwurf vor, die Ligue aus der Normandie
zu vertreiben; und beredete sie, aufs Neue
4000 Mann hinüber zu senden, die ihm in dieser
Unternehmung beystünden. Der Graf von Essex
ward zum General dieser Völker ernannt; ein
junger Herr, der durch viele äußere Vollkom-
menheiten, und noch mehr wahres Verdienst,
täglich mehr bey der Elisabeth in Gunst kam,
und denselben Platz in ihrer Liebe einzunehmen
schien, den der itztverstorbne Leicester so lange
besessen hatte. Essex verlangte mit Ungeduld
nach Kriegsruhm, und war äußerst unzufrieden,
eine Zeitlang ungebraucht zu Dieppe zu liegen;
und wären nicht die Befehle, die er von seiner
Gebieterin empfieng, so ausdrücklich gewesen,
so hätte er Heinrichs Auffoderung mit Freuden
angenommen, und sich mit der französischen
Armee, die jetzt in Champagne stand, vereiniget.
Dieser Entwurf ward der Elisabeth auch durch
den französischen Gesandten vorgelegt: Aber sie
verwarf ihn mit großem Mißfallen; und drohete, ihre Völker sogleich zurück zu rufen, wenn
Heinrich noch länger bey seiner gegenwärtigen
Gewohnheit bliebe, alle Abrede mit ihr zu brechen, und nichts als seine eigne Vortheile zu
su=

,ſuchen. g) Durch dieſe Beweggründe gedrungen, führte der franzöſiſche König zuletzt ſeine Armee nach der Normandie, und belagerte Rouen, das er in große Verlegenheit ſetzte. Aber die Ligue, die an ſich ſelbſt unfähig war, wider ihn zu Felde zu ziehen, nahm aufs Neue ihre Zuflucht zu dem Herzoge von Parma, der Befehl bekam, ihr zum Beyſtande anzurücken. Er führte dieſe Unterneh= mung gewöhnlichermaſen geſchickt und glücklich aus; und vereitelte für jetzt alle Entwürfe Heinrichs und Eliſabeths. Dieſe Fürſtin, die immer bey allen ihren auswärtigen Verhandlungen die Vortheile, ihrer eignen Königreiche vor Augen hatte, war ungeduldig bey dieſen fehlgeſchlagenen Abſichten, verwies Heinrichen ſeine Nachläßigkeit in der Ausführung ſeiner Verträge; und klagte, man hätte das engliſche Volk bey jeder gefährlichen Unternehmung vorangeſtellt. h) Indeſſen iſt es wahrſcheinlich, daß ihr eigner hitziger Muth, und ihr Verlangen, ſich auf einem ſo berühmten Kriegsſchauplatze zu unterſcheiden, die Urſachen ware, warum ſie ſo oft dieſer gefährlichen Ehre genoſſen.

Un=

g) Birch's negotiations, 5. Rymer, 14, 123. 140.
h) Camden, 562.

Ungeachtet des mittelmäßigen Glückes der vorigen Unternehmungen, merkte die Königin doch, wie nöthig es wäre, Heinrichen wider die Ligue und die Spanier zu unterstüzen; und sie machte mit ihm einen neuen Vertrag, worin sie verhieß, nie ohne gemeinschaftliche Bewilligung Frieden mit Philipp zu machen; sie versprach, ihm eine neue Verstärkung von 4000 Mann zu senden; und er verpflichtete sich, ihr die Kosten in einem Jahre wieder zu ersetzen; diese Völker, in Vereinigung mit einem Haufen französischer, zu einer Unternehmung wider Bretagne zu brauchen, und ihr einen Seehaven dieser Provinz, zu einem Schutzorte für die Engländer, zu übergeben. i) Heinrich kannte die Unmöglichkeit, einigen dieser Bedingungen nachzukommen, und die Unvorsichtigkeit, andre derselben zu erfüllen: Da er aber fand, daß Elisabeth hart darauf bestand, nahm er ihren Beystand an, und verließ sich darauf, er könnte leicht unter einigem Vorwande, seine Ermangelung in der Erfüllung des Vertrages auf seiner Seite entschuldigen. Dieser Feldzug war für den Heinrich der unglücklichste von allen, den er wider die Ligue eröffnet hatte.

Wäh

i) Rymer, 16, 151. 168. 171. 173.

Während dieser Kriegsoperationen in Frank=
reich, brauchte Elisabeth (i. J. 1592) ihre See=
macht wider Spanien, und suchte die westindische
Schätze aufzuheben, die Quelle jener Größe, die
den Philipp allen Nachbarn so furchtbar machte.
Zu dieser Absicht sandte sie ein Geschwader von
sieben Schiffen aus, unter des Lord Thomas
Howards Anführung: Aber der König von
Spanien, der von ihrem Vorhaben Nachricht
hatte, rüstete eine Flotte von fünf und funfzig
Segeln aus, und sandte sie der indianischen Flotte
zur Bedeckung. Sie stießen auf das englische
Geschwader; und eroberten, wegen der herzhaften
Gegenwehr des Viceadmirals, Sir Richard
Greenville, der sich nicht durch die Flucht retten
wollte, nur ein Schiff, und damit das erste engli=
sche Kriegsschiff, das je in spanische Hände gefallen
war. k) Die übrigen von dem Geschwader kehr=
ten

k) Diese Handlung des Sir Richard Greenvilles ist so
sonderbar, daß sie eine umständliche Erzählung verdient.
Er ließ sich allein mit der ganzen spanischen Flotte von
drey und funfzig Seegeln ein, die 10 000 Mann am
Bord hatte; und seit dem Anfange des Gefechts,
welches um drey Uhr nach Mittag, bis zum Anbruche
des andern Tages geschah, trieb er funfzehnmal den
Feind

ten wohlbehalten nach England zurück; zwar war
ihnen ihre Hoffnung vereitelt, doch schmeichelten
sie sich mit dem Gedanken, daß ihr Versuch
dem

Feind zurück, obgleich die Schiffe beständig abwechsel-
ten, und frische Mannschaft am Bord hatten. Im
Anfange des Treffens bekam er selbst eine Wunde,
doch fuhr er fort seine Pflicht auf dem Verdecke zu
thun, bis eilf Uhr in der Nacht, da er eine neue
Wunde bekam, und man ihn hinunter brachte, um
verbunden zu werden. Unter dieser Verbindung
bekam er einen Schuß in den Kopf, und der Wundarzt
fiel ihm zur Seite hin. Es fieng an den Engländern
an Pulver zu fehlen; ihr kleines Gewehr war alles
zerschossen, oder unbrauchbar geworden; und von ihrer
ganzen Anzahl, die zuerst nur 103 betrug, blieben 40,
und fast alle übrige waren verwundet; ihre Masten
waren über Bord geschossen, ihr Takelwerk entzwey,
und nur noch das Corpus übrig, das sich weder auf die
eine noch auf die andre Seite bewegen ließ. In diesen
Umständen rieth Sir Richard seinen Leuten, auf
Gottes Gnade zu trauen, nicht auf der Spanier ihre;
und lieber das Schiff mit sich selbst zu Grunde zu
richten, als sich dem Feinde zu übergeben. Der
Stückenmeister, und viele Seeleute genehmigten
diesen verzweifelten Entschluß; andre aber widersprachen und zwangen den Greenville, sich als gefangen zu übergeben. Er starb wenige Tage nachher,
und

dem Feinde eins zu verſetzen, nicht ganz fruchtloß
geweſen war. Die indianiſche Flotte hatte ſich
ſolange aus Furcht vor den Engländern, in der
Havana aufgehalten, daß ſie endlich genöthiget
war, zu unrechter Jahrszeit unter Segel zu gehn,
und die meiſten Schiffbruch litten, ehe'ſie die ſpa=
niſchen Häven erreichten l). Der Graf von Cum=
berland wagte ein eben ſo unglückliches Unterneh=
men wider den ſpaniſchen Handel. Er führte ein
Schiff der Königin, und ſieben andere, die er auf
eigne Koſten ausrüſtete: die von ihm gemachte
Beute aber erſetzte die Koſten nicht m).

Der

und ſeine letzte Worte waren, „ hier ſterbe ich, Ri=
„ chard Greenville, mit freudigem und ruhigem Her=
„ zen; weil ich mein Leben geendet habe, wie ein
„ rechter Soldat thun muß, im Gefechte für mein
„ Land, meine Königin, meinen Glauben und meine
„ Ehre. Meine Seele verläßt willig dieſen Leib, und
„ da ſie den ewigen Ruhm hinterläßt, ſich ſo betragen
„ zu haben, wie jeder tapfre Soldat zu thun verbun=
„ den iſt. " Die Spanier verloren in dieſem ſchar=
fen, obwohl ungleichen Treffen, vier Schiffe und über
1000 Mann; und Grenvilles Schiff ſelbſt verſank
bald nachher mit 200 Spaniern.

l) Monſon, 163.

m) Monſon, 169.

Der Geist dieser kostbaren und gefährlichen Abentheuer war in England (i J. 1593.) sehr herrschend. Sir Walter Raleigh, der bey der Königin in grossen Gnaden gewesen war, und sein Ansehn gesunken fand, beschloß, ihre Gnade durch eine wichtige Unternehmung wieder zu gewinnen; und da sein Ruhm in England groß war, beredete er eine grosse Menge, sich ihm als Freywillige zu verpflichten zu einer Unternehmung auf Westindien. Die Flotte ward durch widrige Winde solange in dem Canale aufgehalten, daß die Jahrszeit vorbeystrich: die Königin rief den Raleigh zurück; Sir Martin Forbisher folgte ihm in der Befehlshaberstelle, und that eine Reise auf eigne Kosten wider die Spanier. Er nahm eine reiche Carracke bey der Blumeninsel weg, und eine andre richtete er zu Grunde n). Um eben die Zeit nahm Thomas White, ein Londoner, zwey spanische Schiffe weg, die ausser 1400 Kisten mit Quecksilber über zwey Millionen Ablasbullen geladen hatten; eine Waare, die den Engländern unnütz war, dem Könige von Spanien aber 300000 Gulden gekostet hatte, und die er in Indien für fünf Millionen hätte verkaufen können.

Die

n) ib. 165. Camden, 369.

Dieser Krieg that Spanien grossen Schaden; aber er war für England mit beträchtlichen Kosten verbunden; und Elisabeths Minister rechneten (Am 19ten Februar.) aus, sie hätte seit dem Anfange desselben, über 1200,000 Pfund ausgegeben o); ein Aufwand, der ungeachtet ihrer grossen Sparsamkeit, zu schwer für ihre geringen Einkünfte war. Sie berief daher ein Parlament, um eine Beysteuer zu erhalten: sie hielt aber entweder ihr Ansehn für so bevestiget, daß sie ihnen keine Gefälligkeiten zu erzeigen brauchte; oder sie achtete ihre Macht und ihr Vorrecht höher, als Geld: denn sie begegnete nie einem Parlamente auf so hochmüthige Art, ließ keines seine Schwachheit deutlicher merken, oder kränkte nie mehr Vorrechte desselben. Da der Sprecher Sir Eduard Coke, die gewöhnlichen drey Bitten that, um Freyheit vor dem Gefängniße, um Zutritt zu ihrer Person, und um Freyheit zu reden: ließ sie ihm durch den Großsiegelbewahrer, Puckering, antworten: Die Freyheit zu reden würde den Gemeinen zugestanden; sie müßten aber wissen, zu welcher Freyheit sie berechtiget wären: nicht zu einer Freyheit für einen jeden, zu sprechen was ihm gelüstete, oder

B 2   was

o) Strype, V. 👉

was ihm in den Sinn käme; und ihr Vorrecht erstreckte sich nicht weiter, als auf die Freyheit,
Ja, oder Nein zu sagen. Sie empfahl den Sprecher, wenn er vernünftige Köpfe auf ihre eigne
Sicherheit so wenig bedacht sähe, daß sie eine
Kirchenverbesserung, oder eine Neuerung in dem
gemeinen Wesen vornehmen wollten; so sollte er
die Bills dieses Inhalts nicht übergeben lassen,
bis sie von solchen untersucht wären, die dergleichen zu überlegen und davon besser zu urtheilen
verstünden. Sie wollte die Freyheit ihrer Personen nicht verhindern; aber sie müßten sich hüten,
nicht zu denken, daß unter dem Scheine dieses
Vorrechts, jede Vernachläßigung ihrer Pflicht einen Deckmantel oder Schutz finden könnte. Und
sie wollte ihnen den Zutritt zu ihrer Person nicht
versagen; wenn es nicht aus dringenden und wichtigen Ursachen, und zu gehörigen Zeiten geschähe,
und wenn sie vor andern wichtigen Reichsgeschäf-
ten Zeit hätte p).

Ungeachtet der drohenden und verachtenden
Miene dieser Rede, ließ der unerschrockene und
unermüdete Peter Wentworth sich durch seinen vorigen übeln Erfolg nicht abschrecken, sondern wagte

es,

---

p) D'Ewes, 460. 469. Townsend, 37.

es, Elisabeths gebietherische Befehle zu überschreiten. Er überreichte dem Großsiegelbewahrer eine Bittschrift, worin er begehrte, das Oberhaus sollte sich mit dem Unterhause verbinden, um bey ihrer Majestät anzuhalten, daß sie die Thronfolge fest setzen möchte; und erklärte, er hätte schon eine Bill dieses Inhalts in Bereitschaft. Diese Art zu verfahren, war ehrerbietig und vorsichtig genug; aber der Inhalt selbst war der Königin äusserst unangenehm, und eben das, was sie ausdrücklich einem jeden sich darein zu mischen untersagt hatte. Sie sandte den Wentworth sogleich in den Tower; setzte den Sir Thomas Bromley, der ihm beygefallen war, in das Gefängniß der Seeleute, nebst Stevens und Welsch, zween Mitgliedern, denen Sir Thomas seine Absicht entdeckt hatte q). Ungefähr vierzehn Tage später machte man eine Bewegung in dem Hause, die Königin zu bitten, daß sie diese Mitglieder losließe: aber alle gegenwärtige Geheimeräthe erwiederten, ihre Majestät hätte sie aus Ursachen gefangen gesetzt, die ihr selbst am Besten bekannt wären; und dieser Sache wegen in sie zu dringen, das würde nur zum Nachtheile der Männer gereichen, denen sie zu nützen

B 3 dach-

q) D'Ewes, 470. Townsend, 54.

dächten: Sie würde dieselben loslaffen, sobald
sie es für gut hielte, und es würde ihr mehr Vergnügen machen, es aus eigner Bewegung zu thun,
als auf Andrer Anrathen r). Das Haus beru-
higte sich gutwillig durch diese Gründe.

Ein so eigenmächtiges Verfahren zum Anfange
dieser Sitzung konnte wohl alle fernere Versuche
zur Freyheit zurückhalten: Aber der Glaubenseifer
der Puritaner ließ sich nicht so leicht einschränken,
und flößte ihnen einen Muth ein, den keine mensch-
liche Bewegursache überwinden konnte. Morrice,
Anwald des Vormundsgerichts, machte eine Bewegung, die Mißbräuche in den bischöflichen Gerichten abzustellen, vor allem aber in der hohen
Commißion; wo die Unterschriften unter allerley
Artikel nach dem Belieben der Prälaten erzwungen
würden; wo Eide auferlegt würden, woburch man
die Leute zwänge, alle Fragen ohne Unterschied zu
beantworten, wenn sie auch zu ihrer eignen Verurtheilung gereichten; und wo ein jeder, der den
Bevollmächtigten völlige Genugthuung verweigerte,
ohne Erlaffung oder Rettung gefangen gesetzt würde s). Dieser Bewegung fielen einige Mitglieder
bey:

---

r) D'Ewes, 497.
s) ib. 474. Townsend, 60.

bey: aber die Minister und Geheimenräthe legten
sich dawider, und sagten ihnen die Folgen voraus,
die daraus entstehn müßten.　Die Königin ließ
den Sprecher holen; und nachdem sie von ihm verlangt hatte, er sollte ihr Moricens Bittschrift ein-
händigen, sagte sie ihm, es stünde in ihrer Macht,
Parlamenter zu berufen, in ihrer Macht, sie aus-
einander gehn zu lassen, in ihrer Macht, jede
Bestimmung, die sie machten, zu bewilligen, oder
zu verwerfen: ihre Absicht bey der Berufung dieses Parlaments wäre zweifach; Gesetze zu machen
zu weiterer Bestärkung der Einförmigkeit im Glauben, und für die Vertheidigung der Nation wieder die übermäßige spanische Macht zu sorgen:
Diese beiden Puncte müßten daher die Gegenstände
ihrer Berathschlagungen seyn: Sie hätte es ihnen
schon durch den Großsiegelbewahrer einschärfen lassen, sich nicht in Staats- oder Glaubenssachen
zu mengen; und sie wunderte sich, wie jemand
so verwägen seyn könnte, einen Versuch zu machen, der ihrem Verbote so ausdrücklich zuwider
wäre: Sie fände sich durch dieses Unterfangen
höchst beleidiget; und ergriffe diese Gelegenheit,
die durch den Siegelbewahrer gegebnen Befehle zu
wiederholen, und zu verlangen, daß keine Bill,
die entweder Staatssachen, oder eine Verbesserung

in Kirchenſachen beträfe, in dem Hauſe eingegeben
würde: Und beſonders foderte ſie von dem Sprecher, nach ſeiner unterthänigſten Pflicht, wenn
ihm ſolche Billen gegeben würden, ihnen die Durch-
leſung durchaus abzuſchlagen, und nicht einmal
zu verſtatten, daß die Glieder darüber rathſchlag-
ten t). Dieſem Befehle von der Königin unterwarf man ſich ohne weitre Frage. Morrice ward
in dem Hauſe durch den Sergeant at Arms ergriffen, ſeines Amts als Kanzler des Herzogthums
entſetzet, aller Ausübung ſeiner Rechtsgelehrſam-
keit unfähig erkläret, und auf einige Jahre in
Tilbury-caſtle gefangen geſetzt u).

Da alſo die Königin ausdrücklich beſtimmet
hatte, was das Haus thun und nicht thun ſollte,
ſo waren die Gemeinen ihrem einen Befehle ſo
gehorſam, als dem andern. Sie bewilligten ein
ſehr ſcharfes Geſetz wider Recuſanten; ſo ein Geſetz, wie es ſich für Eliſabeths ſtrenge Denkart und
für den Verfolgungsgeiſt dieſes Zeitalters ſchickte.
Es ward genannt Acte, um Ihrer Majeſtät Unterthanen in ihrem ſchuldigen Gehorſame zu erhalten; und hatte zur Abſicht, wie die Vorrede er-
klä-

t) D'Ewes, 474. 478. Townſend, 68.
u) Heylin's hiſt. of the Presbyterians, 320.

kläret, solchen Unbequemlichkeiten und Gefahren
zuvorzukommen, die aus den gottlosen Gewohnheiten aufrührerischer Sectirer und ungehorsamer
Unterthanen erwachsen möchten: Denn diese beiden Arten von Verbrechern waren damals immer
mit einander vermischt, und der Ruhe der Gesellschaft gleich gefährlich. Es ward verordnet, jede
Person über sechszehn Jahre, die sich einen Mo-
nath lang hartnäckig weigerte, dem öffentlichen
Gottesdienste beyzuwohnen, sollte ins Gefängniß
gesetzet werden: Wer nach seiner Verurtheilung für
dieses Vergehn, drey Monathe bey seiner Weigerung beharrete, der mußte schwören, das Land
nicht wieder zu betreten; und wer sich entweder
dieser Bedingung entgegen legte, oder nach der
Verbanung wiederkäme, der müßte die Todesstrafe,
wie für die Felonie, leiden, ohne daß ihn selbst
der geistliche Stand rettete. x). Dieses Gesetz war
eben so hart für die Puritaner, als für die Katholiken; und wäre es nicht durch das Ansehn der
Königin aufgedrungen worden, so ist vermuthlich,
daß es in jenem Betrachte, den Privatgesinnungen
und Neigungen der größesten Anzahl in dem Hause
der Gemeinen höchst zuwider war. Indessen scheint

B 5   man

x) 35. Eliz. c. 1.

man demfelben öffentlich nur fehr wenig widerfpro-
chen zu haben y).

Weil die Koften des Krieges mit Spanien die
Königin in große Verlegenheit wegen einer Bey-
ſteuer geſetzt hatten, ſo ſcheint die Bewilligung der
Subſidien das wichtigſte Geſchäft dieſes Parlaments geweſen zu ſeyn; und es war ein ſonder-
bares Merkmal von Eliſabeths Stolze, daß ſie
bey dem Bewußtſeyn ihrer Abhänglichkeit von den
Gemeinen, doch die Sitzung mit dem hochmüthig-
ſten Betragen gegen ſie eröffnete, und ihre Schwäche unter einem ſo ſtolzen Scheine der Hoheit verbarg. Die Gemeinen bewilligten ſogleich zwo Subſidien und vier Funfzehntheile: Da aber dieſe Summe dem Hofe nicht zureichend ſchien, verfiel man
auf ein ſehr ungewöhnliches Mittel, um ſie zu
einer Vergrößerung ihrer Bewilligung zu vermögen. Die Pairs gaben den Gemeinen in einer
Unterredung zu verſtehn, ſie könnten der bewilligten

---

y) Nachdem dieſe Verordnung gemacht war, ſuchten die
Geiſtlichen den Haß wegen derſelben von ſich abzuwen-
den, und bemüheten ſich, daß lieber die weltlichen
Richter nach ihren Gewohnheiten und Geſetzen, als
die Kirchencommißion, die Recuſanten richten möchten. Strype's annals, v. 4, 264.

ten Beysteuer nicht ihren Beyfall geben, weil sie dieselbe für die Umstände der Königin zu klein glaubten: Sie schlugen daher vor, drey Subsidien und sechs Funfzehntheile zu bewilligen; und verlangten eine Unterredung, um die Gemeinen zur Genehmigung dieses Antrages zu bewegen. Die Gemeinen, die sich das Vorrecht erworben hatten, zu Subsidienbitten den Anfang zu machen, stießen sich an diesem Verfahren der Lords, und weigerten sich zuerst gänzlich einer Unterredung mit ihnen: Da sie aber bey reiferer Ueberlegung fürchteten, durch diese Weigerung ihre Obern beleidiget zu haben, bequemeten sie sich zu der Unterredung, und bewilligten nachher auch die Vermehrung der Subsidien z).

Die Königin schloß die Sitzung, ungeachtet dieser ungewöhnlichen Bewilligung der Gemeinen, mit einer Rede, die einige Verweise für sie enthielt, und voll eben der hohen Foderungen war, die sie bey der Eröffnung des Parlaments sich angemaßet hatte. Sie ließ ihnen durch den Sprecher andeuten, einige Glieder verschwendeten mehr Zeit, als nöthig wäre, mit Reden und Urtheilen; und äusserte ihr Mißfallen, daß sie nicht den ge-

heimen

z) D'Ewes, 483 487, f Townsend, 66.

heimen Räthen die schuldige Ehrerbietung erzeig-
ten, „ die nicht wie gemeine Ritter, und Abge-
„ ordnete in dem Hause zu betrachten wären, die
„ nur während des Parlaments Räthe vorstelle-
„ ten; da hingegen jene beständige Räthe wären,
„ und wegen ihrer Weisheit, und großen Dienste
„ zum Staatsrathe berufen würden a) ". Die
Königin hielt auch, in eigner Person, eine Rede
voll Geists an das Parlament; worin sie von der
Gerechtigkeit und Mäßigung ihrer Regierung sprach,
wie geringe immer die Eroberungssucht bey ihr
gewesen wäre, welche gerechte Ursachen sie zu ihrem Kriege mit dem Könige von Spanien hätte,
und wie wenig sie die Macht dieses Monarchen
fürchtete, wenn er auch noch stärkere Versuche
machte, als durch seine unüberwindliche Armada.
„ Ich bin aber benachrichtiget worden, setzte sie
„ hinzu, daß einige Küstenbewohner, da er auf
„ die neuliche Landung ausging, ihre Städte ver-
„ ließen, landeinwärts flohn, und alles leer und
„ bloß stehn ließen: Aber ich schwöre euch bey
„ Gotte, erfahre ich die Namen dieser Leute, oder
„ höre ich nachher von Andern, die dieses thun
„ werden; so will ich sie fühlen lassen, was es
„ heißt

a) D'Ewes, 466. Townsend, 47.

„ heißt, bey so dringender Noth so furchtsam zu
„ seyn " b). Durch diese Drohung gab sie vermuthlich dem Volke zu verstehn, sie würde das
Kriegsrecht gegen solge Feige ausüben lassen: denn
man hatte kein Gesetz, nach dem einer straffällig
war, wenn er den Ort seines Aufenthalts veränderte.

Der König von Frankreich hatte zwar bisher
die Ligue mit großer Tapferkeit und großem Ruhme
bekrieget, in diesem Feldzuge beträchtliche Vortheile
über sie erhalten, und Beystand gehabt von einem
ansehnlichen Haufen Engländer unter dem Norris, der damit bis in das Herz von Bretagne ein-
brang: doch hatte er gemerkt, er könnte sich nie
allein durch die Gewalt der Waffen des Königreichs bemeistern. Je näher sein Kriegsglück ihn
dem völligen Besitze des Thrones zu bringen schien,
destomehr Mißvergnügen und Eifersucht entstand
unter den Katholiken, die ihm anhingen; und es
verband sich eine Partey an seinem eignen Hofe,
einen katholischen Monarchen aus dem königlichen
Geblüte zu erwählen, wenn Heinrich sich noch länger weigerte, ihnen durch die Erklärung seiner Bekehrung genug zu thun. Dieser vortrefliche Fürst
war

b) ib. ib. C

war weit entfernet, seiner Secte abergläubisch an-
zuhängen; und da er glaubte, diese theologischen
Streitigkeiten wären dem allgemeinen Besten gänzlich untergeordnet, so hatte er bey sich vom Anfange stillschweigend beschlossen, irgend einmal zu
dem Entschluße zu greifen, den man von ihm verlangte. Bey dem Tode seines Vorgängers hatte
er gefunden, daß die Hugonotten, als der tapfer-
ste und getreueste Theil seines Heeres, so entschlos-
sene Eiferer für ihren Glauben waren, daß, wenn
er ihn damals abgeschworen hätte, sie ihn so gleich
den Ansprüchen und Gewaltthätigkeiten der Katholiken würden überlassen haben. Er wußte, die an-
dächtigsten Katholiken, besonders die von der Ligue, hegten ein so unüberwindliches Vorurtheil wider ihn, und solches Mißtrauen gegen seine Aufrichtigkeit, daß selbst seine Bekehrung sie seinem
Rechte nicht geneigter machen würde; und er mußte
entweder erwarten, daß sie ihn ganz von dem
Throne ausschlössen, oder daß sie ihm denselben
nur unter solchen Bedingungen zugeständen, die
ihm wenig mehr als den bloßen Schatten der königlichen Würde übrig ließen. In diesem bedenklichen Zustande war er entschlossen, sich nach Zeit
und Umständen zu richten: die Hugonotten dadurch
an sich zu halten, daß er fortführe, ihren Glau-

ben

ben zu bekennen; die gemäßigten Katholiken dadurch zu gewinnen, daß er ihnen Hoffnung zu
seiner Bekehrung machte; beide aber durch seine
klugen und glücklichen Unternehmungen mit seiner
Person zu verbinden: und er hoffte, die Ligue
würde entweder über den Feindseeligkeiten des Krieges nach und nach die Glaubensfragen vergessen;
oder könnte mit der Zeit, nach einigen Siegen über
seine Feinde, und nach einigen Unterredungen mit
Gottesgelehrten, endlich mit mehr Anstand und
Würde seinen Glauben abschwören; welches anfänglich beiden Parteyen so wohl unedel, als verdächtig würde geschienen haben.

Wenn das Volk gewissen theologischen Lehr-
sätzen, bloß aus allgemeiner Ueberredung oder aus
eingesognen Vorurtheilen anhängt, so läßt es sich
leicht durch jeden Beweggrund, oder jedes Ansehn
verführen, seinen Glauben in diesen geheimnißvol-
len Dingen zu verändern; wie man aus dem Beyspiele der Engländer sieht, die unter einigen Regierungen ohne Bedenklichkeit die immer veränderte
Religion ihres Oberhaupts annahmen. Aber eine
Nation, wie die französische, bey der man Glau-
bensgrundsätze schon lange für Zeichen des Parteygeistes hielt, und wo jede Partey ihren Glauben
durch Feindseligkeit gegen die andre bestärkt hatte,

fand

fand man nicht so lenkbar oder unbeständig; und
Heinrich ward zuletzt überzeugt, daß die Katholiken seiner Partey ihn ganz verlassen würden, wenn
er ihnen nicht so gleich in diesem Stücke Genugthuung gäbe. Auch die Hugonetten, die durch Erfahrung gelernt hatten, sahn klar ein, daß sein
Abfall von ihnen für die allgemeine Ruhe durchaus nothwendig geworden wäre; und diese Ueber-
zeugung war unter ihnen so allgemein, daß, wie
der Herzog von Sully vorgiebt, selbst die Gottesgelehrten dieser Partey sich vorsetzlich in Streitigkeiten und Unterredungen überwinden ließen: damit der König desto eher von der Schwäche ihrer
Sache überzeugt würde, und desto herzlicher, und
aufrichtiger, wenigstens anständiger, den Glauben
annähme, der so sehr sein Vortheil war. Sollte
diese Selbstverläugnung in einem Puncte, der so
sehr das Herz anging, unglaublich und bey Gottesgelehrten übernatürlich scheinen, so wird man es
doch sehr natürlich finden, daß ein Fürst, der in
diesem Punct so wenig unterrichtet war, als Heinrich, und so sehr wünschte, seine Aufrichtigkeit zu
bewahren, unvermerkt seine Meinung nach der
Noth seiner Angelegenheiten bequemte, und der
Partey die besten Gründe zutrauete, die ihn allein
in den Besitz seines Königreichs setzen konnte. Da

also

also alle Umstände zu dieser grossen Begebenheit
vorbereitet waren, entsagte dieser Monarch dem
protestantischen Glauben, und ward feyerlich von
den Prälaten dieser Partey in den Schoß der Kirche
aufgenommen.

Elisabeth, die selbst vorzüglich den Protestan-
ten anhing, so wohl wegen ihrer Vortheile, als
wegen der Umstände ihrer Geburt; und die, ihr
ganzes Leben lang, eine Neigung zu dem katholischen Aberglauben, oder wenigstens zu den alten
Gebräuchen, scheint gehabt zu haben: gab dennoch
vor, daß ihr Heinrichs Abschwörung äußerst miß-
fiele; und schrieb ihm einen sehr zornigen Brief,
worin sie ihm diesen eigennützigen Wechsel seines
Glaubens verwies. Da sie indessen merkte, daß
die Ligue und der König von Spanien noch ihre
gemeinschaftlichen Feinde waren, gab sie seinen Ver-
theidigungen Gehör, stand ihm ferner mit Mannschaften und Gelde bey; und machte einen neuen
Vertrag mit ihm, worin sie beiderseits verspra-
chen, nie ohne gemeinschaftliche Einwilligung Frieden zu machen.

Spaniens Ränke schränkten sich nicht auf
Frankreich, und England ein: der nie ermangeln-
de Glaubensvorwand, nebst dem Einflusse des Geldes, erregte in Schottland neue Unordnungen,

und machte der Elisabeth neue Unruhe. Georg
Ker, Laird Newbottles Bruder, war ergriffen worden, indem er heimlich nach Spanien durchgehn
wollte; und man hatte Papiere bey ihm gefunden,
wodurch man eine gefährliche Verschwörung einiger katholischen Edelleute mit dem Philipp entdeckte.
Die Grafen von Angus, Errol und Huntley, die
Häupter drey mächtiger Häuser, hatten einen Bund
mit dem spanischen Monarchen gemacht; und versprochen, alle ihre Völker aufzubieten, damit zu
30,000 Spaniern zu stoßen, die Philipp nach Schottland zu senden verhieß; und nach der Wiederein-
führung des katholischen Glaubens in diesem Königreiche, mit ihrer vereinigten Macht fortzurücken, um dasselbe Vorhaben in England ins Werk
zu richten c). Graham von Fintry, der sich auch
in diese Verschwörung eingelassen hatte, ward ergriffen, verhört und hingerichtet. Elisabeth sandte
den Lord Borugh als Gesandten nach Schottland,
und ermahnte den König, eben die Strenge an
den drey Grafen auszuüben, ihre Güter einzuziehn,
und zur Krone zu schlagen; um so wohl seine Ta-
felgüter zu vermehren, als allen seinen Unterthanen ein Beyspiel zu geben, wie gefährlich Ver-
räthe-

c) Spotswood, 391. Rymer, v. 16, 190.

rätherey, und Empörung wären. Dieser Rath hatte
gewiß vielen Grund; er war aber bey den geringen Einkünften Jakobs, und seiner eingeschränk-
ten Gewalt nicht leicht auszuführen. Er begehrte
daher von ihr Unterstützung an Mannschaft und
Gelde; so sehr sie aber Ursache hatte, die Verfolgung der drey papistischen Grafen als eine gemeine
Sache anzusehn, konnte er doch nie den geringsten Beystand von ihr erlangen. Der zehnte Theil
der Kosten, die sie auf die Unterstützung des Königs von Frankreich und der Staaten wandte,
hätte zur Ausführung dieser Absicht hingereicht, die
gewiß mit ihrer Sicherheit näher und wesentlicher
verbunden war d): Aber sie scheint immer eine
gewisse Bosheit gegen den Jakob gehegt zu haben, weil er so wohl ihr Erbe, als der Sohn
Mariens, ihrer verhaßten Nebenbuhlerin und Mit-
werberin, war. Weit entfernt, ihm die katholischen Verschwornen verfolgen zu helfen, beförderte
sie vielmehr seine Unruhe, indem sie die aufrührerische Gesinnung des Grafen von Bothwel, der
von einem natürlichen Sohne Jakobs des fünften
abstammete, unterhielt e). Bothwel versuchte mehr,

E 2   als

d) Spotswood, 393. Rymer, 16, 235.

e) Spotswod, 257, f.

als einmal, sich der Person des Königs zu bemäch-
tigen; und da er wegen dieser verrätherischen Entwürfe aus dem Königreiche verjagt ward, nahm
er seine Zuflucht nach England, ward von der Königin heimlich beschützt, und lauerte immer an den
Gränzen, wo seine Macht sich befand, in der Absicht, immer eine neue Gewaltthätigkeit zu unternehmen. Endlich glückte ihm ein Versuch wider
den König; und durch Vermittelung des englischen
Gesandten, machte er diesem Fürsten sehr schimpfliche Bedingungen: Jakob aber erklärete, mit Bey-
stimmung der Ständeversammlung, diese Einwilligung für nichtig, weil sie ihm durch Gewalt ab-
gedrungen wäre; verjagte Bothwel wieder aus d. m
Lande, und zwang ihn, seine Zuflucht nach England zu nehmen. Elisabeth stellete sich, den Ort
seiner Zuflucht nicht zu wissen; und erfüllete daher
nie ihren Vertrag, nach dem sie verflichtet war,
alle Empörer und Flüchtlinge dem Könige von
Schottland auszuliefern. Während dieser Unordnungen, die durch die widerspänstige Gemüthsart
der Geistlichen grösser wurden, gerieth auch die
Verfolgung der katholischen Grafen ins Stecken;
endlich aber machte das Parlament eine Acte zu
ihrer Verurtheilung, und der König rüstete sich,
(i. J. 1594.) dieselbe durch Gewalt der Waffen voll-

strecken

ſtrecken zu laſſen.   Obgleich der hohe Abel einen
Sieg über den Grafen von Argyle erhielt, der
nach königlicher Vollmacht handelte; ſo ſetzte ihnen doch Jakob ſelbſt ſo hart zu, daß ſie unter
gewiſſen Bedingungen das Königreich zu verlaſſen
bewilligten.   Da nachher eine Verſchwörung Both-
wels mit ihnen entdeckt ward, verlor er Eliſabeths
Gunſt; und war genöthiget, ſeine Zuflucht erſt
nach Frankreich, darauf nach Italien zu nehmen,
wo er einige Jahre nachher in groſſer Armuth
ſtarb.

Die bereſtigte Gewalt der Königin ſicherte ſie
vor allen ſolchen Angriffen, denen Jakob durch
die aufrühreriſche Gemüthsart ſeiner Unterthanen
ausgeſetzt war; und ihre Feinde wußten keine andre Mittel, in ihrem eignen Lande ihre Ruhe zu
ſtören, als durch ſolche verrätheriſche und treuloſe
Anſchläge, die ſelbſt zum Nachtheile derſelben, und
zum Verderben ihrer ſtrafbaren Werkzeuge aus-
ſchlugen.   Da Rodrigo Lopez, ein Jude und Hof-
arzt der Königin, Verdachts wegen gefangen geſetzt ward, bekannte er, Fuentes und Ibarra, die
dem neulich verſtorbnen Parma als Statthalter der
Niederlande gefolgt waren, hätten ihn beſtochen,
die Königin zu vergiften; aber er behauptete, keine
andre Abſicht gehabt zu haben, als Philippen um

C 3   ſein

sein Geld zu bringen, und nie seinem Versprechen nachzukommen. Er ward indessen wegen der Verschwörung hingerichtet; und die Königin beklagte sich bey Philippen wegen dieser schimpflichen Versuche seiner Minister, konnte aber keine Genugthuung erhalten f). York und Williams, zween englische Verräther, wurden nachher wegen einer ähnlichen Verschwörung mit dem Ibarra hingerichtet g).

Statt sich selbst durch eine eben so schimpfliche Wiedervergeltung zu rächen, suchte Elisabeth eine rühmlichere Rache, indem sie den König von Frankreich unterstützte, und ihm endlich die Macht der Ligue überwältigen half; die nach der Bekehrung dieses Monarchen täglich mehr abnahm, und der ein schneller Untergang, und Zerstreuung drohete. Norris führte die englische Kriegsmacht in Bretagne an, und half Morlaix, Quimpercorentin, und Brest erobern, die von den spanischen Völkern in dieser Provinz besetzt waren. In jedem Treffen zeigten die Engländer, ob sie gleich so lange in ihrem Lande Frieden gehabt hatten, ein grosses Talent zum Kriege; und so sehr die Königin selbst

Hel=

---

f) Camden, 577. Birch's negot. 15. Bacon, v. 4, 381.
g) Camden, 582.

Heldin war, fand sie doch öfter Anlaß, ihren Generalen zu verweisen, daß sie die Verwegenheit derselben anreizten, als daß sie die Furcht oder Behutsamkeit derselben unterstützten h). Sir Martin Forbisher, ihr tapferer Admiral, blieb nebst vielen andern vor Brest. Merlaix war den Engländern zu einer Zuflucht versprochen worden: aber der Herzog von Aumon, der französische General, vereitelte dieses Versprechen, indem er in die Capitulation setzen ließ, es sollten nur Katholiken in dieser Stadt aufgenommen werden.

In dem nächsten Feldzuge (i. J. 1595.) ward der König von Frankreich, der lange Feindseligkeiten gegen Philipp ausgeübt hatte, endlich durch die Einnahme von Chatelet und Dourlans, und den Angriff auf Cambray gereizet, diesem Monarchen den Krieg zu erklären. Da der Elisabeth in England eine neue Landung drohete, und eine Empörung in Irrland, rief sie ihre meisten Völker zurück, und sandte den Norris in das letztere Königreich die Armee anzuführen. Da sie auch fand, daß die französische Ligue fast gänzlich zertrennet war, und daß die ansehnlichsten Häupter derselben einen Vergleich mit ihrem Fürsten getrof=

C 4 fen

h) Camden, 572.

fen hatten; so glaubte sie, er könnte sich wohl
durch seine eigne Macht, und Tapferkeit halten,
und fing an, in seinen Angelegenheiten, des Bluts
und der Schätze ihrer Unterthanen mehr zu schonen.

Einiger Verdruß, den ihr die Staaten verur-
sacht hatten, nebst den Vorstellungen ihres spar-
samen Ministers, Burleigh, machten sie auch geneigt, ihre Kosten auf dieser Seite zu vermindern;
und sie verlangte so gar durch ihren Gesandten,
Sir Thomas Bodley, sie möchten ihr alles Geld
wieder bezahlen, was sie auf ihre Unterstützung
verwandt hätte. Die Staaten beriefen sich nicht
nur auf die Bedingungen des vorhergegangnen
Vertrags, wodurch sie nicht verbunden waren, sie
vor dem Friedensschluße zu bezahlen: sondern sie
entschuldigten sich auch mit ihrer gegenwärtigen
Armuth und Noth, mit der grossen Obermacht der
Spanier, und mit der Schwierigkeit, den Krieg
auszuhalten, noch mehr aber, Geld über zu spa-
ren, um ihre Schulden abzutragen. Nach vielen
Unterhandlungen ward endlich ein neuer Vertrag
gemacht; worin die Staaten sich verpflichteten,
die Königin sogleich von den Kosten der englischen
Hülfsvölker zu befreyen, die man im Jahre auf
40,000 Pfund rechnete; und ihr einige Jahre lang
jährlich 20,000 Pfund zu bezahlen; ihr mit einer
gewis-

gewiſſen Anzahl Schiffen beyzuſtehn; und keinen
Frieden oder Vertrag ohne ihre Einwilligung zu
ſchließen. Sie machten ſich auch verbindlich, nach
dem Friedensſchluße mit Spanien, vier Jahre lang
jährlich 100,000 Pfund zu bezahlen; aber mit dieſer Bedingung, daß dieſe für die ganze Schuld
gelten ſollten, und daß ſie auf ihre eignen Koſten, noch 4000 Mann Hülfsvölker aus England
zur Verſtärkung bekämen i).

Die Königin behielt noch immer die Städte,
die ſie zur Gewähr in Händen hatte, und dieſe
waren der wachſenden Macht der Städte ein groſ-
ſes Hinderniß. Sie übertrug (i. J. 1596.) die
wichtige Befehlshaberſtelle in Fluſching dem Sir
Franz Vere, einem tapfern Officier, der ſich in
den Niederlanden vorzüglich unterſchieden hatte.
Dieſem Manne gab ſie den Vorzug vor Eſſex, der
ſich eine ſo ehrenvolle Stelle verſprach; und obgleich der Ruhm dieſes Grafen bey dem Volke,
und ſeine Gnade bey ihr täglich zunahm, ſo fand
doch die Königin, die gemeiniglich mit der Beförderung ihrer Hofleute ſehr zurückhielt, es bey
dieſer Gelegenheit gut, ihm eine abſchlägige Antwort zu geben. Sir Thomas Baskerville ward

E 5 nach

i) ib. 586.

nach Frankreich gesandt, um die 2000 Engländer anzuführen, womit Elisabeth, nach einem neuen Vertrage mit Heinrichen, diesen Fürsten zu unterstützen versprochen hatte. Durch diesen Vertrag hatten beide Theile einander Beystand versprochen, und alle vorige Verbindlichkeiten gegen einander erneuert.

Diese englischen Kriegsvölker hielt Heinrich (i. J. 1597.) auf seine Kosten; doch schätzte er diese Unterstützung für einen ansehnlichen Vortheil wegen des grossen Ruhms, den die Engländer in so vielen glücklichen Unternehmungen wider den gemeinschaftlichen Feind erworben hatten. In der grossen Schlacht bey Turnhoult, die Prinz Moriz in diesem Feldzuge gewann, hatten die englischen Hülfsvölker unter dem Sir Franz Vere, und Sir Robert Sidney sich vorzüglich unterschieden; und das Glück dieses Tages ward allgemein ihrer Mannszucht und Tapferkeit zugeschrieben.

Obgleich Elisabeth, mit grossem Verluste an Menschen und Gelde, wider Philipp in Frankreich und den Niederlanden Krieg führte; so waren doch die heftigsten Streiche, die sie der spanischen Grösse versetzte, jenen Seeunternehmungen zuzuschreiben, wo-

woran sie so wohl, als ihre Unterthanen, es fast
zu keiner Jahrszeit fehlen ließen: (i. J. 1594.) erhielt Richard Hawkins, ein Sohn des berühmten Seefahrers Sir Johann, die Vollmacht der
Königin, und segelte mit drey Schiffen durch
Magellans Enge in die Südsee: aber seine Reise
lief unglücklich ab, und er ward selbst auf der
Küste von Chili zum Gefangnen gemacht. Jakob
Lancaster ward in eben dem Jahre, von den londonschen Kaufleuten, mit drey Schiffen und einer
Chaluppe ausgerüstet; und war glücklicher auf
seinen Abentheuern. Er nahm 39 feindliche Schiffe
weg; und begnügte sich nicht damit, sondern wagte
auch einen Versuch auf Fernambuc in Brasilien,
wo er wußte, daß damahls grosse Schätze ver-
wahrt wurden. Da er sich dem Lande näherte,
sah er es der Länge nach von den Feinden besetzt: aber er ließ sich durch diesen Anblick nicht
schrecken, sondern setzte seine kühnsten Leute in Böte,
und befahl ihnen, mit solcher Gewalt damit auf
das Ufer zuzurudern, daß sie zersplittern müßten.
Durch diese verwegne That benahm er seinen Leuten alle Hoffnung, sich anders, als durch Ueberwindung zu retten; und setzte die Feinde in solches
Schrecken, daß sie nach kurzem Widerstande ent-
flohen. Er kam wohlbehalten mit dem Schatze zu

Haus

Hause, den er so tapfer erworben hatte. (i. J.
1595.) erhielt Sir Walter Raleig, der aufs Neue
der Königin Gunst durch einen Liebeshandel mit
einer Hofdame verscherzt hatte, und für dieses
Vergehn ins Gefängniß gesetzt war, kaum seine
Freyheit wieder, als er durch seinen wirksamen,
und unternehmenden Geist getrieben ward, auf
eine grosse That auszugehn. Der glückliche Erfolg
der ersten spanischen Züge wider Mexico und Peru
hatte eine starke Habsucht in Europa rege gemacht;
und es herrschte ein allgemeines Vorurtheil, daß
in dem Innern von Südamerica, in Guiana, einem noch unentdeckten Lande, Mienen und Schätze
und Reichthümer wären, die alles überträfen, was
Cortez oder Pizaro gefunden hätten. Rale'gh,
dessen Denkart etwas romantisch und ausschweifend war, unternahm auf eigne Kosten die
Entdeckung dieses wunderbaren Landes. Da er
die kleine Stadt St. Joseph auf der Insel
Trinidad eingenommen hatte, wo er keine Reichthümer fand, verließ er sein Schiff, und segelte den Oroonokofluß hinauf in Chaluppen, aber
ohne etwas zu finden, was seinen Erwartungen
entsprach. Bey seiner Zurückkunft gab er eine Beschreibung dieses Landes heraus, die voll der gröf-
festen und handgreiflichsten Lügen war, wodurch

je

je einer der menschlichen Leichtgläubigkeit gemißbraucht hat. k)

.In demselben Jahre unternahmen Sir Franz
Drake, und Sir Johann Hawkins eine wichtigere
Unternehmung wider die spanischen Plätze in
Amerika; und fuhren aus mit 6 Schiffen der
Königin und 20 andern, die sie entweder auf ihre
eignen Kosten ausgerüstet, oder Privatabentheurer
für sie angeschaft hatten. Sir Thomas Baskerville ward zum Befehlshaber der Landsoldaten
ernannt, die sie an Bord hatten. Ihr erster
Entwurf war, Portorico anzugreifen, wo sie
wußten, daß damals ein reicher Charracke lag:
da sie aber nicht die nöthige Heimlichkeit beobachtet
hatten, so verrieth eine Chaluppe, die sich von der
Flotte verlohren hätte, und von den Spaniern
weggenommen ward, die Absichten der Engländer.
Man rüstete sich auf dieser Insel sie zu empfangen;
und ungeachtet des tapfern Angriffs, den die
englische Flotte auf den Feind that, ward sie mit
Verluste zurück getrieben. Hawkins starb bald
darauf; und Drake setzte seinen Lauf fort nach
Nombre di Dios auf der Landenge darin, wo er
seine Leute ans Land setzte, um mit ihnen nach

Pa-

_____

k) Camden, 584.

Panama fortzurücken, das er plündern, oder
wenn er es thunlich fände, in Beſitz nehmen und
beveſtigen wollte. Aber er fand es hier nicht eben
ſo leicht, als bey ſeinen erſten Unternehmungen in
dieſen Ländern. Die Spanier, die durch Erfahrung
gelernt hatten, hatten überall die Päſſe beveſtiget,
und Soldaten in die Wälder gelegt, die durch
beſtändige Bewegung und Scharmützel den Engländern
ſo zuſetzten, daß ſie zurückkehren mußten, ohne
etwas ausrichten zu können. Drake ſelbſt fiel,
wegen des ungemäßigten Himmelsſtriches, wegen
der Abmattungen ſeiner Reiſe, und aus Gram
über ſeine fehlgeſchlagne Abſicht, in eine Krankheit,
woran er bald darauf ſtarb. Sir Thomas Basterville übernahm die Befehlshaberſchaft über die
Flotte, die in ſehr ſchwachem Zuſtande war; und
nachdem er der ſpaniſchen Flotte bey Cuba ein
Treffen geliefert hatte, deſſen Ausgang nicht ent-
ſcheidend war, kehrte er nach England zurück.
Die Spanier litten durch dieſe Unternehmung einigen Schaden; die Engländer aber hatten keinen
Vortheil. l)

Wegen des übeln Erfolgs dieſer Unternehmung
in Indien wollten die Engländer lieber einen Ver-
ſuch

---

l) Monſon, 167.

such auf die spanischen Länder in Europa machen,
wo Philipp, wie man hörete, große Zurüstungen
zu einer Landung in England machte. Zu
Plymouth ward eine mächtige Flotte ausgerüstet,
die aus 170 Schiffen bestand, worunter 17 große
Kriegsschiffe, die übrigen aber nur kleine und
leichte Fahrzeuge waren; zu diesen gaben die
Holländer noch 20 Schiffe. Auf dieser Flotte
rechnete man die Mannschaften auf 6360 Landsoldaten, 1000 Freywillige, und 6772 Seeleute außer
den Holländern. Die Landmacht stand unter dem
Grafen von Essex; die Flotte unter dem Großadmiral Lord Effingham. Beyde Befehlshaber
hatten große Summen von ihren eignen Mitteln
auf die Kriegsrüstung verwandt; denn das war
die Art unter Elisabeths Regierung. Lord Thomas
Howard, Sir Walter Raleigh, Sir Franz Vere,
Sir Georg Carew, und Sir Coniers Clifford
hatten Befehlshaberstellen, und wurden dem General und Admiral als ein Kriegsrath zugeord-
net. m)

Die Flotte gieng unter Seegel am ersten
Junius 1596; und da sie schönen Wind hatte,
richtete sie ihren Lauf nach Cadix, wo alle

Ca-

m) Camden, 591.

Capitains, durch versiegelte Befehle, die ihnen
mitgegeben wurden, ihren allgemeinen Sammel-
platz hatten.   Sie sandten einige armirte Fahrzeuge
vor sich her, die jedes Schiff wegnahmen, das dem
Feinde Nachricht bringen konnte; und sie selbst
waren so glücklich, da sie nahe bey Cadix kamen,
ein irländisches Schiff anzutreffen, von dem sie
erfuhren, der ganze Haven wäre voll Kaufmanns-
schiffe von großem Werthe, und die Spanier lebten
in vollkommner Sicherheit, ohne einige Besorgniß
vor Feinden.   Diese Nachricht ermunterte die
englische Flotte sehr, und gab ihnen Hoffnung eines
glücklichen Ausganges in dieser Unternehmung.

Nach einem fruchtlosen Versuche, bey St. Sebastian auf der Westseite der Insel Cadix zu lan-
den, beschloß der Kriegsrath nach einer Berath-
schlagung, die Schiffe und Galeeren in der Bucht
anzugreifen.   Man hielt dieses Unternehmen für
sehr übereilt; und der Großadmiral selbst, der von
sehr bedächtlicher Gemüthsart war, hatte große Be-
denklichkeiten dagegen geheget: Aber Essex bestand
muthig auf die Unternehmung; und da er endlich
sah, daß man diesen Entschluß gefaßt hatte, warf
er seinen Huth in die See, und gab Zeichen der
ausschweifendsten Freude von sich.   Er empfand
indessen einen tödtlichen Verdruß, da Effingham

ihm

ihm andeutete, die Königin, die für sein Leben
ängstlich besorgt wäre, und die Wirkungen seiner
jugendlichen Hitze fürchtete, hätte heimlich Befehl
gegeben, man sollte nicht zugeben, daß er in dem
Treffen selbst an der Spitze stände. n) Dieses
Geschäft verwalteten Sir Walter Raleigh und Lord.
Thomas Howard: aber kaum sah Essex sich unter
den Kanonen des Feindes, da er das Versprechen
vergaß, das der Admiral ihm abgebrungen hatte,
sich in dem Mittel der Flotte zu halten: er brach
durch, und drängte sich hervor in das stärkste Feuer.
Eifer nach Ruhm, Begierde nach Beute, Erbitterung gegen die Spanier waren Sporne für einen
jeden; und der Feind ward bald gezwungen, die
Anker zu lichten, und sich weiter in die Bucht
zurückzuziehn, wo er viele seiner Schiffe auf den
Sand seegelte. Essex landete darauf mit seiner
Mannschaft bey dem Fort Puntal; und rückte sogleich vor Cadix, das der ungestümme Muth der
Engländer bald mit dem Schwerdte in der Hand.
eroberte. Essex, der nicht weniger großmüthig,
als tapfer war, hemmete das Metzeln, und begegnete seinen Gefangnen mit der größesten Mensch-
lichkeit, ja er war gesprächig und freundlich gegen
sie.

n) Monson, 196.

Hume Gesch. XII. B. D

ſie. Die Engländer machten reiche Beute in der
Stadt; verlohren aber eine weit reichere durch den
Entſchluß, den der ſpaniſche Admiral, der Herzog
von Medina, faſſete, die Schiffe in Brand zu
ſtecken, damit ſie nicht in des Feindes Hände
geriethen. Man rechnete den Verluſt der Spanier
bey dieſer Unternehmung auf 20 Millionen Ducaten; o) außer dem Schimpfe für ein ſo ſtolzes
und ehrgeiziges Volk, daß ihm eine ſeiner
vornehmſten Städte weggenommen, und in
ſeinem eignen Haven eine Flotte von ſolcher
Stärke und ſolchem Werthe zu Grunde gerichtet
ward.

Eſſex, der ganz für Ruhm brannte, betrachtete dieſes große Glück bloß als einen Schritt zu
künftigen großen Thaten: Er beſtand darauf, er
wollte Cadix in Beſitz nehmen, und mit 400 Mann,
und Lebensmitteln auf drey Monathe, den Platz
vertheidigen, bis von England Verſtärkung an-
käme. Aber alle andre Seeleute und Soldaten
waren zufrieden mit der erworbnen Ehre; und
ungeduldig nach der Zurückreiſe, um ihre Beute in
Sicherheit zu bringen. Jeder andre Vorſchlag,
den Eſſex that, den Feind zu beunruhigen, fand
eine

---

o) Birch's mem. a, 97.

eine ähnliche Aufnahme; sein Entwurf, die
Karracken bey den Azoren aufzuheben, die Gronne
zu berennen, St. Andero und St. Sebastian einzunehmen; und die Engländer, die so große Schwierigkeit vor sich sahn, diesen eifrigen Krieger von
dem Feinde abzuziehn, ließen ihn endlich mit sehr
wenigen Schiffen auf der spanischen Küste. Ueber
ihren Mangel an Muthe bey dieser Unternehmung
beklagte er sich sehr gegen die Königin; und es
gefiel ihr selbst nicht, daß sie zurück gekehret waren,
ohne den Versuch zu machen, die indische Flotte
wegzunehmen: p) Aber das große Glück der
Unternehmung auf Cadix hatte alle ihre Vergehungen zugedeckt; und so sehr diese Fürstin den hohen
Geist des Essex bewunderte, so konnte sie sich doch
nicht enthalten, ihre Achtung für die andren Officiere zu bezeugen. q) Der Admiral ward zum
Grafen von Nottingham gemacht; und seine
Erhöhung machte dem Essex großen Verdruß. r)
In dem Eingang des Patents hieß es: Sie ertheilte ihm die neue Würde, wegen seiner treuen
Dienste bey der Einnahme von Cadix, und bey der

D 2 Zer

p) ib. 121.
q) Camden, 593.
r) Sydney's papers, v. 2, 77.

Zerstörung der spanischen Schiffe; ein Verdienst, welches Essex sich allein zueignete: Daher er sich erbot, dieses durch einen Zweykampf mit dem Grafen von Nottingham, oder seinen Söhnen, oder einem von seinem Geschlechte zu behaupten.

Die Verrichtungen in dem folgenden Jahre (1597) liefen nicht so glücklich ab: Da aber die indische Flotte der englischen nur eben entrann, so hatte Philipp immer Ursache, die große Gefahr, und den Nachtheil dieses Krieges einzusehn, worein er sich verwickelt hatte; und die Obermacht, welche die Engländer, durch ihre Seemacht und Lage über ihn erlangt hatten. Da die Königin Nachricht bekommen hatte, die Spanier rüsteten, obgleich ihre Flotten so sehr zerstreuet, und durch die Unternehmung auf Cadix zu Grunde gerichtet wären, ein Geschwader aus zu Ferrol und in der Groyne; und ließen Völker dahin marschiren, um eine Landung auf Irland zu thun: so beschloß sie, ihrer Unternehmung zuvorzukommen, und die Schiffe in diesen Häven zu Grunde zu richten. Sie rüstete eine große Flotte von 120 Seegeln aus, worunter 17 ihre eigne, 43 andre kleinere Schiffe, und die übrigen leichte Fahrzeuge mit Lebensmitteln waren. Diese Flotte hatte am Bord

Borb 5000 neugeworbne Soldaten, und noch 1000 alte, die Sir Franz Vere aus den Niederlanden brachte. Der Graf von Essex, als Oberbefehls= haber der Land= und Seemacht, war an der Spitze eines Geschwaders: Lord Thomas Howard war Viceadmiral des zweyten; Sir Walter Raleigh des dritten; Lord Mountjoy General über die Landmacht unter Essex; Vere ward zum Marschall ernannt; Sir Georg Carew zum Artillerievorsteher, und Sir Christoph Blount zum ersten Obersten. Die Grafen von Ruthland und Southhampton, die Lords Grey, Cromwel, und Rich, nebst vielen andern Standespersonen, giengen als Freywillige mit. Essex erklärte seinen Entschluß, entweder die neue Armada zu Grunde zu richten, die Eng= land bedrohete, oder bey der Unternehmung zu sterben.

Diese mächtige Flotte seegelte von Plymouth ab; kaum aber war sie aus dem Haven, da ein wüthender Sturm sie überfiel, der sie beschädigte und zerstreute: Und ehe sie wieder konnten ausge= bessert werden, fand Essex ihre Lebensmittel so weit aufgezehrt, daß es nicht sicher gewesen wäre, eine so zahlreiche Armee ohne dieselben so weit mit sich zu führen. Er schränkte die Absicht seiner Unter= nehmung darauf ein, die indische Flotte weg=

zu=

zunehmen ; welches zuerſt nur als eine zweyte Unternehmung war angeſehen worden, worauf er ausgieng.

Die indianiſche Flotte hatte in dieſem Jahrhunderte , wegen der Unvollkommenheiten der Schiffahrt ſowohl einen beſtimmten Lauf, als ihre eigne Jahrszeit, zu ihrer Hin = und Herreiſe; und es waren gewiſſe Inſeln, die ſie als Stapelplätze allezeit beſuchten, und daſelbſt Waſſer und Lebensmittel einnahmen. Da die Azoren einer dieſer Oerter waren, wo man um dieſe Zeit die Flotte erwartete, ſo richtete Eſſex ſeinen Lauf dahin; und benachrichtigte den Raleigh, er wollte bey ſeiner Ankunft daſelbſt, Fayal, eine dieſer Inſeln angreifen. Durch einen Zufall wurden die Geſchwader getrennt; und Raleigh, der zuerſt vor Fayal ankam, hielt es für klüger, nachdem er eine Zeitlang auf den General gewartet hatte, den Angriff allein anzufangen, damit die Inwohner nicht durch längern Aufſchub Zeit bekämen, größere Zurüſtungen zu ihrer Vertheidigung zu machen. Das Unternehmen glückte ihm: Aber Eſſex ward eiferſüchtig auf den Raleigh, äußerte großes Mißvergnügen über dieſe Aufführung, und legte ihm die Abſicht bey, als hätte er den General der Ehre berauben wollen, die mit dieſer That verbunden war.

war. . Er entsetzte daher Sydney, Bret, Berry, und andre, die an der Unternehmung Theil genommen hatten, ihrer Würden; und würde dieselbe Strafe an dem Raleigh selbst ausgeübt haben, hätte Lord Thomas Howard sich nicht für ihn bemühet, und den Raleigh beredet, so stolz er auch war, sich vor dem General zu bemüthigen. Essex, der so wohl versöhnlich, als hitzig und empfindlich war, ließ sich leicht besänftigen; schenkte dem Raleigh seine Gunst wieder, und setzte die andern Officiere wieder in ihre Stellen ein. s) Dieser Vorfall legte indessen, obgleich der Streit beygelegt schien, den ersten Grund zu jener heftigen Erbitterung, die nachher zwischen diesen beiden tapfern Befehlshabern herrschte.

Essex machte darauf die gehörigen Verfügungen, um die indianische Gallionen wegzunehmen; und Sir Wilhelm Monson, der den äußersten Posten der Flotte hatte, traf zuerst auf sie, und gab das verabredete Zeichen. Dieser geschickte Officier schreibt diese fehlgeschlagne Unternehmung, da Essex der Erlangung eines so mächtigen Vortheils so nahe war, seiner mangelnden Erfahrung in der Seekunst zu; und die Ursache, die er von

D 4　　　　den

s) Monson, 173.

Den Fehltritten dieses Grafen angiebt, scheint sowohl sehr vernünftig, als aufrichtig. t) Da die
spanische Flotte sich dem Feinde so nahe fand,
seegelte sie in möglichster Eile nach den Tercerainseln,
und erreichte den sichern und wohlbevestigte Haven
Angra, ehe die englische Flotte sie überfallen konnte.
Essex nahm nur drey Schiffe weg; die indessen doch
so reich waren, daß sie alle Kosten der Unternehmung
bezahlten.

Die Ursachen dieser mißgelungnen Unternehmung wurden, bey der Zurückkunft der Flotte, sehr
genau untersucht; und obgleich die Hofleute ver-
schiedentlich Partey nahmen, so wie sie entweder
dem Essex oder Raleigh gut waren, so war doch das
Volk, das die Tapferkeit und Großmuth des ersten
außerordentlich liebte, geneigt, jeden Umstand seiner
Aufführung zu rechtfertigen: Die Königin, die den
einen so sehr liebte, als sie den andern hochschätzte,
behauptete eine gewisse Neutralität, und suchte ihre
Gunst mit unpartheyischer Hand zwischen den
Parteyen zu theilen: Sir Robert Cecil, Lord
Burleighs zweyter Sohn, war ein Hoffmann von
viel versprechender Hoffnungen, und mit dem
Raleigh nahe verbunden: diesen machte sie zum
Staats-

t) ib. 174.

Staatssecretaire, statt Sir Thomas Boblen, den
Essex zu dieser Bedienung empfahl: Um aber durch
diesen Vorzug den Essex nicht verdrüßlich zu machen,
erhöhete sie jenen zu der Würde eines Grafen-
marschalls von England; einer Bedienung, die
seit dem Tode des Grafen von Shrewsbury war
erlediget gewesen. Essex konnte aus diesem
Betragen abnehmen, daß sie nie gesonnen wäre,
ihm das völlige Uebergewicht über seine Mitbuhler
zu geben; und konnte daraus die Nothwendigkeit
erkennen, sich zu mäßigen und vorsichtig zu seyn.
Aber seine Gemüthsart war zu stolz zur Unterwerfung; sein Bezeigen zu offenherzig und redlich, um
die Hofkünste ausüben zu können; und seine freyen
Einfälle, die ihn in den Augen gütiger Beurtheiler
nur liebenswürdiger machten, gaben seinen Feinden
viele Vortheile über ihn.

So glücklich der Krieg mit Spanien gewesen
war, hatte er doch den Schatz der Königin
erschöpfet; und sie war genöthiget ein Parlament
(am 24ten October) zu versammeln, wobey das
Haus der Gemeinen Yelverton, einen Rechtsgelehrten, zum Sprecher wählete. u)   Elisabeth sorgte

D 5   da-

u) Es ist gewöhnlich, daß der Sprecher sich zu diesem
Amte unfähig erkläret; aber die Gründe, deren dieser
Spre-

dafür, daß durch den Großsiegelbewahrer, Sir
Thomas Egerton, diese Versammlung von der
Nothwendigkeit einer Beysteuer unterrichtet würde.
Sie sagte, die Kriege, die man vorher in Europa
geführt hätte, wären gemeiniglich von den Parteyen
in keiner andern Absicht geführt worden, als
wenige Städte, oder höchstens eine Provinz einander abzugewinnen: Aber der Gegenstand der

je-

Sprecher sich bediente, sind so sonderbar, daß sie ab-
geschrieben zu werden verdienen.   „Mein Vermögen,
„ sagte er, ist nicht groß genug zur Behauptung dieser
„ Würde: denn mein sterbender Vater hinterließ mir
„ einen jüngern Bruder, und mir nichts, als meine
„ bloße Leibrente.   Da ich zu männlichen Jahren und
„ einer kleinen Rechtspraxis kam, nahm ich eine Frau,
„ von der ich viele Kinder gehabt habe : uns alle zu
„ ernähren, das hat mein Vermögen sehr verringert,
„ und wir leben nur von meinem täglichen Fleiße.
„ Auf mich fällt also diese Wahl, weder meiner Person,
„ noch meiner Naturgaben wegen.   Denn wer diese
„ Stelle bekleiden soll, der muß groß und wohlge-
„ wachsen, und ansehnlich; er muß wohlredend, seine
„ Stimme stark, sein Aeußeres majestätisch, sein Ge-
„ müthe stolz, und sein Beutel reich und schwer seyn.
„ Hingegen ist meine Leibesgestalt klein, ich bin nicht
„ wohlredend, meine Stimme ist dumpfigt, mein

Neu-

jetzigen Feindſeligkeiten wäre auf Seiten Spaniens
kein andrer, als England ſeines Glaubens, ſeiner
Freyheit, und Unabhängigkeit gänzlich zu berauben: Dieſe Segensgüter hätte ſie indeſſen, dem
Teufel, dem Papſte, dem ſpaniſchen Tyrannen, und
allen verderblichen Abſichten aller ihrer Feinde zum
Trotze, bisher erhalten können: In dieſem Kriege
hätte ſie eine dreymal größere Summe ausgegeben,
als

„ Aeußeres ſieht einem Rechtsgelehrten ähnlich, und
„ von gemeiner Art, meine Gemüthsart iſt ſanft und
„ blöde, mein Beutel leicht und niemals voll. —
„ Zitterte Demoſthenes, ſo gelehrt und beredt er war,
„ und da niemand ihn übertraf, vor einem Phoclon
„ zu Athen zu reden; wie vielmehr muß ich es, da ich
„ ungelehrt und ungeſchickt bin, die Stelle voll Würde,
„ Laſt und Unruhe zu bekleiden, da ich vor ſo vielen
„ Phoclonen reden ſoll, als hier gegenwärtig ſind?
„ Ja, was das Größte iſt, vor der unausſprechlichen
„ Majeſtät, und geheiligten Perſon unſrer gefürchte-
„ ten, und theuren Monarchin; von deren Angeſichte
„ ein Schrecken ausgeht, der auch die kühneſten Her-
„ zen zaghaft, und demüthig machen kann; ja deren
„ Namen ſchon den größeſten Muth niederſchlagen
„ muß.   Denn wie mächtig kann nicht der Namen
„ und das Vermögen eines Fürſten, den ſtolzeſten
„ Muth ihrer größten Unterthanen demüthigen.“
D'Ewes, 459.

als alle von dem Parlamente bewilligte Bey=
steuern; und außer daß sie ihre ordentlichen
Einkünfte aufgewandt hätte, wäre sie auch ge=
zwungen gewesen, viele Kronländer zu verkaufen:
Und sie könnte nicht zweifeln, ihre Unterthanen
würden in einer Sache, die ihre eigne Ehre, und
ihren Vortheil so sehr nahe angienge, willig zu
solchen mäßigen Auflagen beytragen, die man zu
ihrer aller Vertheidigung nöthig fände. x) Die
Gemeinen bewilligten ihr drey Subsidien und sechs
Funfzehntheile; dieselbe Beysteuer, die sie ihr
vier Jahre zuvor gegeben hatten, die aber damals
so ungewöhnlich schien, daß sie den Schlus abfaß=
ten, sie sollte nie als ein vorhergegangnes Beyspiel
angesehn werden.

Die Gemeinen wagten es bey dieser Sitzung,
sich wider die Ordnung in zwo Streitigkeiten mit
dem Oberhause einzulassen; ein Vorspiel jener
Eingriffe, die sie nachher, da sie sich mehr Dreu=
stigkeit herausnahmen, in die Vorrechte der Krone
thaten. Sie beklagten sich, die Lords ließen es an
der Höflichkeit gegen sie fehlen, indem sie ihre
Bothschaften sitzend mit den Hüten auf den Köpfen
annehmen; und der Siegelbewahrer gäbe ihnen

die

---

x) D'Ewes, 525. 527. Townsend, 79.

die Antwort in derselben nachläßigen Stellung: das Oberhaus aber bewies ihnen zu ihrer völligen Befriedigung, sie wären nach dem Herkommen, und der Gewohnheit des Parlaments nicht berechtiget, mehr Ehrerbietung zu fodern. y) Die Lords hatten, zu einer Bill, die ihnen die Gemeinen zugesandt hatten, einige Verbesserungen gemacht; und dieselben, auf Pergament geschrieben, mit der Bill zugleich den Gemeinen zurückgesandt. Das Unterhaus fand sich durch diese Neuerung beeinträchtiget: sie sagten, diese Verbesserungen hätten auf Papier und nicht auf Pergament geschrieben seyn müssen; und sie beklagten sich gegen die Pairs über diese Neuerung. Die Pairs erwiederten, sie erwarteten eine so nichtswürdige Einwendung nicht von der Ernsthaftigkeit des Hauses; und es wäre nichts Wesentliches, ob die Verbesserungen auf Pergament oder Papier geschrieben würden, oder ob das Papier weiß, schwarz, oder braun wäre. Die Gemeinen wurden durch diese Antwort beleidiget, worin man sich über sie aufzuhalten schien; und sie beklagten sich darüber, doch ohne einige Genugthuung zu erhalten. z)

Durch

y) D'Ewes, 539. f. 580. 585. Townsend, 93 - 95.
z) D'Ewes, 576. f.

Durch eine Bittschrift that das Unterhaus der Königin Vorstellungen wider die Monopolien; einen Mißbrauch, der zu einer übermäßigen Höhe angestiegen war: und sie erhielten eine gnädige, obwohl allgemeine Antwort, wofür sie ihre dankvolle Erkenntlichkeit bezeugten. a) Um ihnen aber nicht zu viele Ermunterung zu solchen Vorstellungen zu geben, sagte sie ihnen in der Rede, die sie bey ihrer Entlassung hielt: „Durch solche Patente, hoffte sie, würden ihre gehorsamen und liebenden Unterthanen ihr nicht ihr Vorrecht rauben wollten; welches die vornehmste Blume in ihrem Garten, und die erste Perle in ihrer Krone wäre; sondern sie würden diese Sachen lieber ihrer Verfügung überlassen." b) Die Gemeinen bekümmerten sich auch bey dieser Sitzung um einige Verhandlungen in dem hohen Commißionsgerichte; aber nicht eher, als bis sie dazu von Ihrer Majestät vorgängige Erlaubniß erhalten hatten. c)

Elisabeth sah (i. J. 1598) aus guten Ursachen voraus, die Parlamentsbeysteuern würden ihr jetzt nöthiger, als jemals werden, und die vornehmste Last

a) ib. 570. 573.
b) ib. 547.
c) ib. 557. f.

Laſt des Krieges mit Spanien künftig auf England
liegen. Heinrich hatte einen Vorſchlag zum Frieden mit Philippen erhalten: Ehe er aber zu einer
Unterhandlung ſchreiten wollte, benachrichtigte er
davon ſeine Bundsgenoſſen, die Königin und die
Staaten; damit, wenn es möglich wäre, ein allgemeiner Friedensſchluß mit gemeinſchaftlicher
Einwilligung und Abrede gemacht würde. Beide
Mächte fertigten Geſandten nach Frankreich ab,
um wider den Frieden mit Spanien Vorſtellungen
zu thun; die Königin Sir Robert Cecil und Heinrich Herbert, die Staaten Juſtin Naſſau und
Johann Barnevelt. Heinrich ſagte dieſen Mini-
ſtern, er wäre von ſeiner erſten Jugend an, unter
Krieg und Gefahren erzogen worden, und hätte
ſein ganzes Leben entweder in den Waffen, oder in
Kriegsrüſtungen zugebracht: Nach den Beweiſen,
die er von ſeinem Muthe im Felde gegeben hätte,
dürfte niemand zweifeln, daß er nicht gerne für ſich
ſelbſt, eine Lebensart ſollte fortgeſetzt haben, die
ihm jetzt Gewohnheit geworden wäre; bis ſie ihren
gemeinſchaftlichen Feind in ſolchen Zuſtand verſetzet
hätten, daß er weder ihm, noch ſeinen Bundsgenoſſen, fernere Unruhe machen könnte: Kein
eigner Vortheil, auch nicht einmal ſeines Volkes,
ja nur die unvermeidliche Nothwendigkeit, könnte
ihn

ihn je verführen, an einen einseitigen Frieden mit Philippen zu denken, oder Maaßregeln zu nehmen, die nicht alle seine Bundsgenossen gänzlich billigten: Sein Königreich, das durch innerliche Kriege beynahe ein halbes Jahrhundert zerrüttet, verlangte eine ruhige Zwischenzeit, ehe es in den Stand kommen könnte, sich selbst, geschweige denn seine Bundsgenossen, zu behaupten: Nachdem die Gemüther seiner Unterthanen zur Stille gebracht, und zum Gehorsame gewöhnet, seine Finanzen in Ordnung gebracht, und der Landbau und die Künste wieder hergestellet wären; so würde Frankreich, anstatt seinen Bundsgenossen, wie jetzt, zur Last zu seyn, ihnen wirksame Hülfe leisten, und ihnen reichlich allen Beystand vergüten können, dessen es in seinen unglücklichen Umständen genossen hätte: Und wollte Spanien ihnen jetzt nicht solche Bedingungen zugestehn, als sie für billig hielten; so hoffete er, in kurzer Zeit eine solche Lage zu erhalten, die ihn fähig machte, sich kräftiger und mit mehr entscheidendem Ansehn für sie ins Mittel zu legen.

Die Gesandten merkten, daß diese Ursachen nicht erdichtet wären; und setzten sich daher mit desto mindrer Heftigkeit wider die Maaßregeln, denen Heinrich, wie sie sahn, zu folgen beschlossen hat.

hatte. Die Staaten wußten, daß diesem Monarchen daran gelegen war, ihren gänzlichen Untergang nie zu erlauben; und da sie Privatversi-
cherungen erhalten hatten, er würde ihnen immer,
des Friedens ungeachtet, mit Mannschaft und
Gelde beystehn, so waren sie wohl zufrieden, ferner mit ihm in gutem Vernehmen zu bleiben.
Seine größte Sorge war, Elisabeth wegen dieses
Bundbruches zu befriedigen. Er hatte eine herzliche Achtung für diese Fürstin, eine Uebereinstimmung mit ihren Sitten, und Dankbarkeit für die
ausserordentliche Güte, die er in seiner größten Verlegenheit von ihr genossen hatte; und er bediente
sich jedes Mittels, dieses Verfahren, wozu die
Noth ihn gezwungen hätte, zu entschuldigen, und
gut zu machen. Da aber Spanien sich weigerte,
den Holländern, wie einem freyen Staate zu begegnen; und Elisabeth nicht ohne ihre Bundsgenossen unterhandeln wollte; so fand Heinrich sich
genöthiget, zu Vervins einen einseitigen Frieden
zu schließen, wodurch er den Besitz aller der Plätze
wieder erlangte, die Spanien während der bürgerlichen Kriege weggenommen hatte; und wodurch
er Zeit gewann, auf die innre Ruhe seines Königs-
reichs sein Augenmerk zu richten. Seine Fähigkeit zu den Künsten des Friedens war nicht ge-

Hume Gesch. XII. B.　　　　E　　　　ringer,

ringer, als seine Heldengaben; und in kurzer Zeit erhob er, durch seine Sparsamkeit und weise Einrichtungen, Frankreich aus dem Jamer und Elende, worunter es itzt erlag, in einen blühendern Zustand, als es je zuvor erlebt hatte.

Die Königin wußte, es würde auch in ihrer Macht stehn, so bald es ihr beliebte, den Krieg unter billigen Bedingungen zu endigen; und da Philipp keine Ansprüche an ihr hätte, würde er froh seyn, sich von einer Feindin zu befreyn, die ihn in jedem Streite war überlegen gewesen, und die es immer so sehr in ihrer Gewalt hatte, ihn die Schwere ihrer Waffen fühlen zu lassen. Einige ihrer weisesten Räthe, besonders der Großschatzmeister, riethen ihr, friedliche Maaßregeln zu ergreifen, und stelleten ihr die Vortheile der Ruhe, der Sicherheit, und der Sparsamkeit, als weit beträchtlicher vor, denn jedes Glück, was mit den grössesten Siegen verbunden seyn könnte. Aber diese muthige Fürstin, die anfänglich zwar dem Kriege abgeneigt war, schien doch jetzt solche Ueberlegenheit über den Feind erlanget zu haben, daß sie den Lauf ihres Glückes nicht gern hemmen wollte. Sie bedachte, daß ihre Lage und ihre vorigen Siege ihr völlige Sicherheit wider jeden gefährlichen Angriff verschafft hätten; und der Krieg

künf-

künftig durch schnelle Unternehmungen und Seezüge
müßte geführt werden, worin sie eine ungezwei-
felte Ueberlegenheit hätte: Daß Philipps Schwäche
in Indien ihr die Aussicht der wünschenswerthe-
sten Vortheile eröffnete; und daß die jährliche Ue-
berfuhr seiner Schätze zur See ihr die beständige
Hoffnung eines so wichtigen, obgleich nur von
einem Augenblick abhängenden Glückes anböte:
Daß er nach seinem Frieden mit Frankreich, wenn
er auch in einen Vergleich mit ihr willigte, alle
seine Macht wider die abgefallnen niederländischen
Provinzen wenden könnte; die, ungeachtet der er-
staunlichen Vergrösserung ihrer Macht durch Handel und gute Regierung, doch noch nicht im Stande
wären, ohne die Unterstützung ihrer Bundsgenossen
den Krieg wider eine so mächtige Monarchie auszuhalten: Und da ihre Vertheidigung dieses gemeinen Wesens die Grundursache dieses Krieges wäre,
daß es so wohl unsicher, als schimpflich seyn
würde, die Sache desselben zu verlassen, ehe sie
es in größere Sicherheit gesetzt hätte.

Diese Gründe wurden ihr oft durch den Grafen von Essex eindringlich vorgestellet, der so wohl
wegen seiner Ruhmbegierde, als kriegerischen Eigenschaften, die Fortsetzung dieses Krieges ernstlich wünschte, von dem er so viel Vortheile und

Ehre

Ehre erwartete. Die beiden Nebenbuhler, Essex und Lord Burleigh, drangen desto härter jeder auf seine eignen Rathschläge, und da Essex so wohl von Person der Königin angenehm, als sein Rath ihren Neigungen gemäß war, so schien der Liebling dem Minister täglich mehr überlegen. Wäre er mit so großer Vorsicht und Selbstbeherrschung begabt gewesen, als groß seine glänzenden Eigenschaften waren, so würde er sich in der Königin Zutrauen so festgesetzt haben, daß keiner seiner Feinde je seinem Ansehn hätte schaden können: aber sein hoher Geist konnte sich nicht wohl zu jener tiefen Unterthänigkeit herablassen, die ihre Gemüthsart erfoderte, und die sie immer von allen ihren Unterthanen gewöhnt war. Da er einmal mit ihr stritt über die Wahl eines Statthalters in Irrland, ward er so hitzig in seinen Beweisen, daß er so wohl die Vorschriften der Pflicht, als der Höflichkeit ganz vergaß und ihr auf eine verächtliche Art den Rücken zukehrte. Ihr Zorn, der gewöhnlich schnell und heftig war, entflammte so gleich durch diese Beleidigung, und sie gab ihm eine Ohrfeige, die sie mit einem harten Ausdrucke begleitete, der seiner Unverschämtheit angemessen war. Statt sich wieder zu besinnen, und ihr die Unterthänigkeit zu bezeugen, die ihrem

Ge=

Geschlechte, und Stande gebührte, schlug er mit der Hand an seinen Degen, und schwur, er würde eine solche Begegnung nicht von Heinrichen dem Achten selbst leiden; und in der Hitze entfernte er sich so gleich vom Hofe. Der Kanzler Egerton, der den Essex liebte, ermahnte ihn, seine Unbescheidenheit durch ein gehöriges Bekenntniß wieder gut zu machen; und bat inständig, nicht seinen Feinden diesen Sieg zu gönnen, noch seinen Freunden diese Kränkung zu verursachen, daß er einen Streit mit seiner Monarchin unterhielte, und die Dienste seines Vaterlandes verließe. Aber Essex war tief durchdrungen von der Beschimpfung, die ihm widerfahren war; und schien zu glauben, daß eine Beleidigung, die man einem Frauenzimmer wohl vergeben könnte, ein tödtlicher Schimpf würde, wenn sie von seiner Fürstin käme. „Da „mir die niederträchtigste aller Beschimpfungen „widerfahren ist, sagte er, bringt denn die Re„ligion darauf, daß ich Vergebung suche? fo„dert Gott es? ist es Gottlosigkeit, es nicht zu „thun? warum? können Fürsten nicht irren? „kann den Unterthanen nicht Unrecht widerfah„ren? ist eine irdische Macht unendlich? Verzei„hen sie mir, Mylord, ich kann nie diesen „Grundsätzen beyfallen. Salomons Narr mag

E 3 „ich

„ lachen, wann er geschlagen wird; die ihren Vor-
„ theil bey Fürsten suchen wollen, mögen keine
„ Empfindlichkeit über deren Beleidigungen zeigen:
„ laßt die eine unumschränkte Gewalt auf der Erde
„ erkennen, die kein unendliches Wesen im Him-
„ mel glauben. (Er zielte vermuthlich auf des
„ Sir Walter Raleighs Aufführung, und Denk-
„ art, dem man den Unglauben vorwarf.) Mir
„ ist, fuhr er fort, Unrecht widerfahren, das
„ fühle ich; meine Sache ist gut, das weiß ich:
„ und was mir auch begegnen mag, so können
„ doch alle Mächte auf der Erde nie mehr Kraft
„ und Standhaftigkeit zeigen, mich zu unterdrü-
„ cken, als ich zeigen kann, alles zu leiden, was
„ man mir auflegen kann oder will. Sie, My-
„ lord, machen mich, in dem Anfange ihres Brie-
„ fes zum Schauspieler, und sich zum Zuschauer;
„ und bin ich ein Spieler meines eignen Spiels,
„ so können Sie mehr sehn, als ich: Aber erlau-
„ ben Sie mir, Ihnen zu sagen, daß, wenn
„ Sie nur sehn, und ich leide, ich nothwendig
„ mehr fühlen müsse, als Sie. „ d)

Die-

d) Cabbala, 234. Birch's mem 2, 386. Speed, 877.
   Der ganze Brief ist so merkwürdig, und muthig,
   daß es dem Leser nicht unangenehm seyn kann, ihn
   zu

Diesen muthigen Brief zeigte Essex seinen
Freunden; und sie waren so unvorsichtig, Ab-
E 4 schrif-

zu lesen. „Mein lieber Lord, Obgleich ich keinen
„unter allen Itztlebenden eher zum Richter jeder
„Streitigkeit machen wollte, die mich selbst beträfe,
„als Sie; so müssen Sie mir doch erlauben, Ihnen
„zu sagen, daß ich in einigen Fällen von allen irdi-
„schen Richtern appelliren muß. Und muß ich es in
„einem Falle, so ist es gewiß in diesem, da der
„höchste irdische Richter mir ohne Gericht oder Ver-
„hör die schwerste Strafe auferleget hat. Weil ich
„den'n entweder ihren Gründen, Mylord, antwor-
„ten, oder sonst meine billige Vertheidigung verges-
„sen muß; so will ich meinen kranken Kopf zwingen,
„mir auf eine Stunde seinen Dienst zu leisten. Ich
„muß zuerst leugnen, daß mein Mißvergnügen wo-
„zu ich gezwungen wurde, von einer Laune ent-
„stand; und daß es unzeitig war, oder so lange
„dauert, deswegen sollten sie lieber Mitleiden mit
„mir haben, als mich tadeln. Natürliches Wetter
„erwartet man hienieden; aber heftige Stürme ohne
„Ursache kommen von oben: kein Ungewitter gleicht
„dem zornigen Unwillen eines Fürsten; und nie
„kömmt er so zur Unzeit, als wenn er auf die
„fällt, die von ihren sorgfältigen und mühsamen Ar-
„beiten eine Aernte erwarten könnten. Wer einmal
„verwundet ist, muß nothwendig Schmerz fühlen,
„bis

schriften davon bekannt zu machen: doch war,
ungeachtet dieser verstärkten Reizung, die Parten-
lichkeit

„ bis seine Wunde geheilet, oder der schmerzhafte
„ Theil fühllos geworden ist: Heilung aber erwarte
„ ich nicht, da Ihrer Majestät Herz gegen mich ver-
„ härtet ist; und ohne Gefühl kann ich nicht seyn,
„ da ich Fleisch und Blut bin. Aber, sagen Sie,
„ ich könnte auf das Ende hinsehen. Ich thue ja
„ mehr, als hinsehen; ich seh das Ende meines gan-
„ zen Glückes, ich habe allen meinen Wünschen ein
„ Ende gemacht. Thue ich bey diesem ganzen Ver-
„ fahren etwas für meine Feinde? Da ich am Hofe
„ war, sah ich sie unumschränkt herrschen; und da-
„ her wollte ich lieber, sie sollten allein triumphiren,
„ als mich an ihrem Wagen mitführten. — Oder ver-
„ laß ich meine Freunde? Da ich ein Hofmann war,
„ konnte ich ihnen keinen Nutzen durch meine Liebe
„ verschaffen; und jetzt, da ich ein Einsiedler bin,
„ dürfen sie keine Feindschaft für ihre Liebe gegen
„ mich erdulden. — Oder verlasse ich mich selbst, weil
„ ich meiner selbst genieße? Oder zerstöre ich mein
„ Glück, weil ich keines auf papiernen Mauern
„ baue, die jeder Windstoß niederwirft? Oder ver-
„ nichte ich meine Ehre, weil ich aufhöre, den Schat-
„ ten der Ehre zu verfolgen, oder mich mit dem
„ falschen Zeichen derselben zu schleppen? Gebe ich
„ dem auswärtigen Feinde Muth oder Trost, weil
„ ich

lichkeit der Königin so überwiegend, daß sie ihm
seine vorige Stelle in ihrer Gunst wieder einräu-
E 5
mete;

„ ich mich zurück halte, und kein Treffen mit ihm
„ wage? oder weil ich mein Herz von Geschäften be-
„ freye, obgleich ich mein Glück nicht vor dem Falle
„ bewahren kann? Nein, nein, mein guter Lord, ich
„ gebe jeder dieser Betrachtungen ihr gehöriges Ge-
„ wicht; und je mehr ich sie wäge, desto mehr finde
„ ich mich selbst gerechtfertiget, daß sie mich in kei-
„ ner derselben vergangen habe. — Gegen die beiden
„ letzten Einwürfe, daß ich mein Vaterland verlasse,
„ da es meiner am meisten nöthig hat, und in der
„ unverletzlichen Pflicht gegen meine Königin erman-
„ gele; antworte ich, wenn mein Vaterland zu dieser
„ Zeit, meines öffentlichen Dienstes irgend nöthig
„ hätte, daß ihre Majestät, die dasselbe beherrschet,
„ mich nicht zu einem Privatleben würde gezwungen
„ haben. Ich bin an mein Vaterland durch zwey
„ Bande gebunden; durch ein öffentliches, daß ich
„ sorgfältig und ämsig das Vertrauen erfülle, das
„ man in mich gesetzt hat, und durch ein Privat-
„ band, daß ich dafür mein Leib und Leben aufopfere,
„ die in ihm sind genährt worden. Von dem ersten
„ bin ich frey, da ich beabschiediget, und durch ihre
„ Majestät unfähig gemacht bin: von dem andern
„ kann mich nichts, als der Tod befreyen; und da-
„ her soll sich keine Gelegenheit zur Erfüllung mei-
„ ner

mete; und ihre Freundlichkeit gegen ihn schien vielmehr durch diese kurze Unterbrechung durch Zorn
und

„ ner Pflicht anbieten, der ich nicht so gleich auf
„ halben Wege entgegen eilen werde. Die unverletz-
„ liche Pflicht, die ich ihrer Majestät schuldig bin,
„ ist bloß die Pflicht der Unterthänigkeit, worin ich
„ nie ermangelt habe, und es auch nie kann: die
„ Pflicht meiner Gegenwart aber ist keine unverletz-
„ liche Pflicht. Ich bin ihrer Majestät die Pflicht
„ eines Grafen und Großmarschalls von England
„ schuldig. Ich habe mich begnüget, ihrer Majestät
„ den Dienst eines Schreibers zu leisten, aber ich
„ kann ihr nie als ein niederträchtiger, oder als ein
„ Sclav dienen. Aber doch sagen Sie, ich müsse
„ der Zeit nachgeben. Das thue ich auch; denn
„ nun ich den Sturm kommen sehe, hab ich mich in
„ den Haven gelegt. Seneca sagt, wir müssen dem
„ Glücke nachgeben: ich weiß, das Glück ist so wohl
„ blind als stark, daher geb ich ihm, so weit ich
„ kann, aus dem Wege. Sie sagen, das Gegen-
„ mittel ist, nicht zu widerstreben: ich widerstrebe
„ nicht, aber ich suche auch kein Gegenmittel. Aber,
„ sagen Sie, ich muß nachgeben, und mich unter-
„ werfen: doch kann ich weder mich selbst schuldig,
„ noch das, was mir aufgebürdet wird, für Recht
„ erkennen. Ich bin dem Urheber aller Wahrheit so
„ viel schuldig, daß ich nie Wahrheit für Unwahr-
„ heit,

und Empfindlichkeit, neue Stärke gewonnen zu
haben: Lord Burleighs, seines Widersachers Tod,
der um diese Zeit erfolgte, schien ihm einen beständi-
gen Besitz des Zutrauens der Königin zu versichern; und gewiß hätte künftig nichts, als seine
eigne Unbescheidenheit, sein wohlbefestigtes Ansehn
erschüttern können. Lord Burleigh starb in einem
hohen Alter, und ward, durch ein seltnes Glück,
eben so sehr von seiner Monarchin, als dem Volke,
bedauert. Er war von einem geringen Anfange
stufenweise durch die bloße Macht des Verdienstes
gestiegen; und obgleich sein Ansehn bey der Königin

„ heit, oder diese für jene ausgeben kann. Ich habe
„ Ursache gegeben, und doch ärgere ich mich, da ich
„ es gethan habe, fragen Sie? Nein, ich gab keine
„ Ursache, geschweige die, worüber Fimbria gegen
„ mich klaget; denn ich stellte meinen Leib dar, das
„ ganze Schwerdt zu empfangen: (totum telum
„ corpore recipiebam) Ich trug alles geduldig, und
„ fühle alles vollkommen, was ich damals empfieng,
„ da mir dieses Aergerniß gegeben ward; ja was
„ noch mehr ist, da mir die niedrigste aller Be-
„ schimpfungen widerfuhr. " u. s. w. Diesen edlen
„ Brief nannte Bacon nachher, da er wider den
„ Essex redete kühn und trotzig, und für ihre Maje-
„ stät verkleinerlich. Birch's mem. 2, 388.

gin nie ganz unumschränkt war, so betrachtete
man ihn doch, beynahe vierzig Jahre lang, als
ihren vornehmsten Minister.   Keine ihrer andern
Neigungen konnte je ihr Zutrauen gegen einen so
nützlichen Rathgeber überwinden; und da er die
Großmuth, oder den Verstand gehabt hatte, ihr
fleißig aufzuwarten unter ihrer Schwester Regierung, wo es gefährlich war, sich als ihren Freund
zu zeigen; hielt sie sich aus Dankbarkeit für verbunden, da sie den Thron bestig, in ihrer Neigung gegen ihn zu beharren.   Er scheint keine
glänzende Gaben, keine Beredsamkeit oder Einbildungskraft gehabt zu haben; und er unterschied
sich hauptsächlich durch die Gründlichkeit seines
Verstandes, die Rechtschaffenheit seiner Sitten,
und den unermüdeten Fleiß in Geschäften; Tugenden, die zwar nicht immer einen Mann zu hohen Ehrenstellen erheben, aber ihn doch am besten
geschickt machen, sie zu bekleiden.   Von allen Ministern der Königin war er der einzige, der seiner Nachkommenschaft ein beträchtliches Vermögen hinterließ, ein Vermögen, das er nicht durch
Raub oder Unterdrückungen erworben, sondern
durch die ordentlichen Vortheile seiner Bedienungen gewonnen, und durch Sparsamkeit erhalten
hatte.

                                    Die

Die letzte Handlung dieses geschickten Ministers war ein neuer Vertrag, den er mit den Holländern (am 8ten August) schloß; die, nachdem
der König von Frankreich sie gewissermaaßen ver-
laßen hatte, froh waren, die Königin zur Bun-
desgenoßin zu behalten, indem sie sich allen
Bedingungen unterwarfen, die sie von ihnen zu
fodern beliebte. Ihre Schuld an die Königin
ward nun auf 800000 Pfund angesetzt; von dieser Summe gelobeten sie, während des Krieges
30000 jährlich zu bezahlen; und diese Zahlungen
sollten fortgehn, bis 400000 Pfund getilget wären.
Sie verbanden sich auch, so lange England den
Krieg mit Spanien fortsetzete, die Besatzung der
gewährleistenden Städte zu bezahlen. Sie verspra-
chen, wenn Spanien England angriffe, oder die
Insel Wight, oder Jersy, oder Scilly, ihr mit
einem Haufen von 5000 Fußvölkern, und 500
Pferden beyzustehn; und wenn sie eine Seerüstung
wider Spanien unternähme, mit einer gleichen Anzahl Schiffe zu den ihrigen zu stoßen e). Durch
diesen Vertrag ward die Königin einer jährlichen
Ausgabe von 120,000 Pfund überhoben.

Bald

e) Rymer, v. 16, 348.

Bald nach Burleighs Tode ward die Königin, die den Verluſt eines ſo weiſen und getreuen Miniſters äuſerſt bedauerte, von dem Abſterben ihres Hauptfeindes, Philipps des zweyten, benachrichtiget; der vielen Schwächlichkeiten untergelegen war, und in einem hohen Alter zu Madrid ſtarb. Dieſer hochmüthige Fürſt, der einen Vergleich mit ſeinem abgefallnen Unterthanen in den Niederlanden wünſchte, aber zu ſtolz war, in ſeinem eignen Namen die Einwilligungen zu geben, die dazu nöthig waren, hatte das Eigenthumsrecht der niederländiſchen Provinzen ſeiner Tochter übertragen, die dem Erzherzoge Albert vermählet war. Da man aber nicht erwartete, daß dieſe Fürſtin würde beerbt werden; und da das Recht des Beſitzes in Ermangelung eines Erben, der Krone Spanien vorbehalten blieb: ſo betrachteten die Staaten dieſe Handlung nur als einen Namenwechſel, und fuhren fort, mit gleicher Hartnäckigkeit den ſpaniſchen Waffen zu widerſtehn. Auch die andern europäiſchen Mächte machten keinen Unterſchied zwiſchen den Höfen zu Brüſſel und Madrid; und Frankreichs heimlicher Widerſtand ſo wohl, als die bekannte Macht Englands, fuhren fort, ſich Alberts Fortgange zu widerſetzen, wie ſie gegen den Philippen gethan hatten.

Sie

Siebentes Kapitel.

Zuſtand von Irland. Tyrone's Empörung.
Eſſex wird nach Irland geſchickt. Seine ſchlechte
Verrichtung. Er kömmt wieder nach England.
Fällt in Ungnade. Seine Händel. Sein
Aufſtand. Sein Verhör und Hinrichtung.
Franzöſiſche Angelegenheiten. Mountjoy's
Glück in Irland. Niederlage der Spanier und
Irländer. Ein Parlament. Tyrone's Unter-
werfung. Der Königin Krankheit — und Tod.
Ihr Charakter, — Regierung, Sitten, Handel,
Künſte und Gelehrſamkeit.

———

Obgleich die Herrſchaft der Engländer über
Irland ſeit mehr als vierhundert Jahren ge-
gründet war, ſo kann man doch ſicher behaupten,
daß ihre Gewalt bisher nicht viel mehr, als den
Namen gehabt hatte. Die irländiſche Fürſten, und
der hohe Adel, die unter ſich ſelbſt uneins waren,
gaben leicht die äußern Zeichen des Gehorſams einer

Macht,

Macht, der fie nicht widerftehn konnten: Da aber
keine beftändige Macht auf den Beinen gehalten
ward, um fie in ihrer Pflicht zu erhalten, verfielen
fie immer wieder in ihren vorigen Stand der
Unabhängigkeit. Zu fchwach, Ordnung und Ge-
horfam unter dem rohen Volke einzuführen, war
dennoch das englifche Anfehn hinreichend, das Auf-
kommen jedes unternehmenden Geiftes unter den
Landeskindern zu hemmen; und ob es gleich keine
wahre Regierungsform feftfetzen konnte, fo konnte
es doch das Entftehn jeder folchen Form verhindern,
durch die innere Verbindung und Staatskunft der
Irländer. a)

Gleichermaßen waren die meiften englifchen
Anordnungen, wodurch fie diefe Infel beherrfchten,
im höchften Grade ungereimt, und von folcher Art,
woran zuvor nie ein Staat gedacht hatte, um die
Herrfchaft über feine eroberten Provinzen zu behaupten.

Da die englifche Nation ganz für den Entwurf
brannte, fich Frankreich zu unterwerfen; einen
Entwurf, deffen Ausführung höchft unwahrfchein-
lich war, und der ihnen zum Verderben würde
gereichet haben: fo verfäumten fie alle andre

Un-

a) Sir J. Davis, p. 5. ff.

Unternehmungen, wozu ihre Lage sie so stark
nöthigte, und die ihnen mit der Zeit einen Zuwachs
an Reichthümern, Größe und Sicherheit würden
verschaffet haben. Die kleine Armee, die sie in
Irland hielten, besoldeten sie nicht ordentlich; und da kein Geld von der Insel konnte
gehoben werden, die keines hatte, so gaben sie
ihren Soldaten einen Freybrief zum Quartier bey
den Inwohnern. Raub und Unverschämtheit
entflammeten den Haß, der zwischen den Eroberern
und den Ueberwundenen herrschte. Der Mangel
der Sicherheit unter den Irländern wirkte Verzweiflung, und nährete die Trägheit noch mehr,
die diesem ungeschliffnen Volke so natürlich
war.

Aber die Engländer trieben ihre übelausge-
dachte Tyranney noch weiter. Statt die Irländer
anzulocken, daß sie die verfeinerten Gewohnheiten
ihrer Eroberer annehmen, weigerten sie sich sogar,
obgleich jene ernstlich darum anhielten, sie des
Genusses ihrer Gesetze theilhaft zu machen, und
zeichneten sie überall aus, als Fremde und Feinde.
Die Inwohner fanden also, da sie von dem Schutze
des Gesetzes ausgeschlossen waren, keine Sicherheit,
als in ihrer Stärke; und da sie die Nachbarschaft
der Städte flohn, denen sie sich nicht sicher nähern

durf-

durften, retteten sie sich vor der Gewaltthätigkeit
ihrer unmenschlichen Herren, in ihre Moräste und
Wälder. Da man ihnen, wie wilden Bestien begegnete, so wurden sie es; und die Rachbegierde
bey ihrer ungezähmten Wildheit machte sie täglich
unlenkbarer, und gefährlicher. b)

Da die englischen Fürsten die Bezwingung der
zerstreueten Irländer mehr für ein Werk der Zeit und
der Geduld, als für eine Quelle kriegerischer Ehre
hielten; so überließen sie willig dieses Geschäft
Privatabentheurern, die auf ihre eignen Kosten
Soldaten anwarben, und Provinzen dieser Insel
eroberten, die sie zu ihrem Nutzen gebrauchten.
Diese kleinen Herren und Eroberer legten besondre
Gerichtsbarkeiten und Fürstenthümer an; maßeten
sich das Recht des Friedens und des Krieges an;
übeten das Kriegsrecht über die Irländer aus,
die sie bezwangen, und allmählig auch über die
Engländer, durch deren Hülfe sie überwanden.
Und nachdem ihre Herrschaft einmal Wurzel gefaßt
hatte, hielten sie die englischen Anordnungen einem
barbarischen Reiche nicht für günstig; arteten in
bloße Irländer aus, und verließen die Kleidung,
die

b) ib. 102. f.

die Sprache, die Sitten und Gesetze ihres Vaterlandes. c)

Durch alle diese unvernünftige Aufführung
Englands blieben die Inwohner ihres abhängigen
Staates immer in jenem verächtlichen Zustande,
worin die nördlichen und westlichen Theile Europens
versunken waren, ehe sie Artigkeit und Knechtschaft
von der verfeinerten Staatsklugheit und unwider-
stehlichen Tapferkeit Roms annahmen. Selbst am
Ende des sechszehnten Jahrhunderts, da jede
christliche Nation jede Kunst des bürgerlichen Lebens
mit Eifer bearbeitete, war diese Insel, die unter
einem gemäßigten Himmelsstriche lag, einen frucht-
baren Boden, seiner Lage nach überall Zugänge,
und unzählbare Häven hatte, ungeachtet dieser
Vortheile, noch von einem Volke bewohnt, dessen
Gebräuche, und Sitten den Wilden näher kamen, als
den Barbaren.

Da die viehische Lebensart, und Unwissenheit
der Irländer so unmäßig waren, hatten sie sich aus
dem Gebiete jener Neubegierde verlohren, wovon
jedes andre Volk in Europa bey dem Anfange dieses
Jahrhunderts war ergriffen worden, und welche
sie in Neuerungen und Glaubensstreitigkeiten

F 2

c) ib. 133. S

verwickelt hatte, wovon sie immer so heftig beunruhiget worden. Der alte Aberglauben, die Gewohnheiten und Gebräuche ihrer Väter, mit vielen wilden Meinungen untermenget und davon verunreiniget, behaupteten immer eine unerschütterte Herrschaft über sie; und das Beyspiel der Engländer war allein hinreichend, die Kirchenverbesserung den Irländern, die voll Vorurtheile und mißvergnügt waren, verhaßt zu machen. Der alte Widerspruch ihrer Sitten, Gesetze, und Vortheile, ward jetzt durch Glaubenshaß mehr angefeuert; und die Bezwingung und Verfeinerung dieses Landes schien täglich schwerer, und unmöglicher zu werden.

Die Erbitterung der Irländer gegen die Engländer gieng so weit, daß sie bey einem Aufstande, den die beiden Söhne des Grafen von Clanricard erregten, alle Inwohner, der Stadt Athenry, die selbst Irländer waren, niedermachten; weil dieselben anfiengen, sich nach englischen Gewohnheiten und Anordnungen einzurichten, und eine feinere und artigere Lebensart angenommen hatten, als ihre barbarischen Vorfahren. d)

Das

d) Camden, 457.

Das gewöhnliche Einkommen von Irland betrug nur 6000 Pfund im Jahre: e) die Königin legte, obgleich mit vielem Verdrusse, f) gemeiniglich 20,000 dazu, die sie von England hinüber sandte; und von diesem kleinen Einkommen wurden 1000 Mann unterhalten, die man in außerordentlichen Fällen bis zu 2000 vermehrte. g) Kein Wunder also, daß eine Macht, die sich zu den Umständen so ungleich verhielt, statt ein aufrührerisches Königreich zu bezwingen, vielmehr die Landesinwohner reizte, und jene häufigen Aufstände und Empörungen erregte, welche die Erbitterung zwischen beiden Nationen noch heftiger machten, und die Barbarey und Unordnungen vermehrten, denen die Irländer natürlicherweise unterworfen waren.

Im Jahre 1560 erregte Shan O'Neale, oder der große O'Neale, wie ihn die Irländer nannten, weil er das Haupt dieses mächtigen Stammes war, in Ulster eine Empörung; und ward nach einigen Scharmützeln wieder zu Gnaden angenommen, da er sich unterwarf, und für das Künftige eine

F 3 pflicht-

e) Memoirs of the Sidneys, v. 1, 86.
f) Cox, 342. Sidney, 1, 85. 200.
g) Camden, 542. Sidney, 1, 65. 109. 183. f.

pflichtmäßigere Aufführung verſprach. h)　Weil
ihm dieſes ſo gut gieng, gerieth er in Verſuchung,
1567 einen neuen Aufſtand zu wagen: da ihn aber
Sir Heinrich Sidney in die Enge trieb, zog er ſich
zurück nach Clandeboy, und ergab ſich lieber, ehe
er den Engländern unterworfen ſeyn wollte, einigen ſchottiſchen Inſulanern, die gewöhnlich in dieſe
Gegenden Einfälle thaten.　Die Schotten, die noch
wegen voriger Beleidigungen gegen ihn eine Feind-
ſeligkeit hegten, verletzten die Rechte der Gaſt-
freundſchaft, und ermordeten ihn auf einem Gaſt-
maale, wozu ſie ihn genöthiget hatten.　Er war
gleich bekannt wegen ſeines Stolzes, ſeiner Gewaltthätigkeiten, ſeiner Ausſchweifungen, und ſeines
Haſſes wider die engliſche Nation.　Er ſoll einige
ſeiner Leute getödtet haben, weil ſie Brodt nach
engliſcher Art einzuführen ſuchten. i)　So heftig
ſeine Feindſchaft gegen die Ueppigkeit, ſo war er
doch ſelbſt der Schwelgerey äußerſt ergeben; und
war gewohnt, wann ſeine Unmäßigkeit ihm ein
Fieber zugezogen hatte, ſich in eine Pfütze zu
werfen, um die Flamme zu kühlen, die er durch
vorhergegangne Ausſchweifungen entzündet hatte. k)

Ein

h) Camden, 385. 391.　　i) ib. 409.
k) ib. Cox, 374.

Ein ſolches Leben hatte der ſtolze Barbar geführet, der den Titel eines Grafen von Tyrone verſchmähete, den Eliſabeth ihm wieder herſtellen wollte, und der die Würde und Benennung eines Königs von Ulſter annahm. Er pflegte auch zu ſagen, ob gleich die Königin, ſeine unumſchränkte Gebieterin wäre, ſo würde er doch nie, als auf ihr Anſuchen, mit ihr Frieden machen. l)

Sir Heinrich Sidney war einer der weiſeſten und thätigſten Statthalter, die Irland unter verſchiednen Regierungen gehabt hatte; m) und beſaß ſeine Gewalt eilf Jahre, in welcher Zeit er mit vielen Schwierigkeiten kämpfte, und im gewiſſen Grade jenen Unordnungen abhalf, die unter dieſem Volke eingewurzelt waren. Der Graf von Desmond beunruhigte ihn, 1569, durch den Erbhaß, der zwiſchen demſelben und dem Grafen von Ormond herrſchte, der ein Nachkommen des einzigen Stammes war, der ſich in Irland niedergelaſſen, und immer ſeine Unterthänigkeit gegen die engliſche Krone ſtandhaft behauptet hatte. n) Der Graf von Thomond unternahm 1570, eine Empörung in

F 4　　　　　　　Con-

l) Cox, 321.
m) ib. 350.
n) Camden, 424.

Connaught; war aber genöthiget, nach Frankreich
zu fliehn, ehe seine Entwürfe reif zur Ausführung
waren. Stuckeley, ein andrer Flüchtling, fand
solchen Glauben bey dem Papste Gregorius dem
Dreyzehnten, daß er Seiner Heiligkeit mit der
Hoffnung schmeichelte, dessen Neffen, Buon
Compagno, zum Könige von Irland zu machen;
und er nahm, als wenn dieser Entwurf schon zur
Wirklichkeit gebracht wäre, von dem neuen
Monarchen den Titel eines Marquis von Leinster
an. o) Er gieng darauf nach Spanien; und
nachdem er von Philippen große Ermunterung
und Belohnungen empfangen hatte, weil dieser
ihn zu einem Werkzeuge zu brauchen gedachte,
die Königin Elisabeth zu beunruhigen; fand man
endlich, er hätte zu wenig Verbindungen, um
jene hohen Versprechungen zu erfüllen, die er
diesem Monarchen gethan hatte. Er begab sich also
nach Portugal; folgte dem Glücke Don Sebastians,
und starb mit diesem tapfern Fürsten, in seiner kühnen, aber unglücklichen Unternehmung wider die
Mohren.

Lord Gray folgte Sydney als Statthalter von
Irland, und dämpfte 1579, eine neue Empörung
des

---

o) ib. 430. Cox, 354.

des Grafen von Desmont, obgleich derselbe von
einem Haufen Spanier und Italiäner unterstützt
ward. Die Empörung der Bourks erfolgte wenige
Jahre nachher; und ward durch die strenge und
gerechte Regierung des Sir Richard Bingham,
Statthalters von Connaught veranlaßt, welcher
der Tyranney der Hauptleute über ihre Lehnsleute
Einhalt zu thun suchte. p)   Da die Königin fand,
daß Irland ihr so sehr zur Last würde, versuchte
sie verschiedne Mittel, es zu größrer Ordnung
und Unterthänigkeit zu bringen. Sie ermunterte
den Grafen von Essex, den Vater ihres nachmali-
gen Lieblings, die Unterwerfung und Anbauung
von Clandeboy, Ferny, und andern Landschaften,
die ihr neulich anheimgefallen waren, zu unternehmen: aber dieser Versuch lief unglücklich ab; und
Essex starb an einer Krankheit, die ihm, wie man
glaubte, der Gram verursachte, den er über seine
mißgelungnen Absichten empfand.   Es ward eine
Universität zu Dublin gestiftet, um Künste und
Gelehrsamkeit in dieses Königreich einzuführen,
und die ungeschliffnen Sitten der Einwohner zu
verfeinern. q)   Aber das unglücklichste Mittel,

F. 5,   des

p) Stowe, 720.
q) Camden, 566.

deſſen man ſich in der Regierung Irlands bediente,
war das von Sir Johann Perrot, der 1585 Lord
Statthalter war. Er gab den Irländern in Ulſter
Waffen in die Hände, um ſie, in den Stand zu
ſetzen, daß ſie ohne Beyſtand der Regierung, die
Anfälle der ſchottiſchen Inſulaner zurücktreiben
könnten, von denen dieſe Gegenden ſehr beunruhigt
wurden. r) Zu eben der Zeit bewogen Philipps
Auffoderungen, nebſt ihrem Eifer für die katholiſche
Religion, viele vom mindern Adel, in den niederländiſchen Kriegen zu dienen; und ſo ward Irland,
das mit Officiers und Soldaten, mit Kriegszucht
und Waffen verſehn war, den Engländern furchtbar, und war von der Zeit an im Stande, einen
ordentlichern Krieg wider ſeine alten Herren zu
führen.

Hugh O'Neale, ein Neffe von Shan O'Neale,
war von der Königin zu der Würde eines Grafen
von Tyrone erhoben worden: da er aber ſeinen
Vetter, den Sohn jenes Empörers, ermordet
hatte, und für das Haupt ſeines Stammes erkannt
ward, zog er den Stolz einer barbariſchen Freyheit
und Herrſchaft dem Vergnügen des Reichthums
und der Ruhe vor, und nährete alle die Unordnungen,

---

r) **Nanton's fragmenta regalia,** 104.

gen, wodurch er die englische Regierung zu schwächen, oder zu stürzen hoffte. Er war wegen seiner
Treulosigkeit und Grausamkeit bekannt; Laster,
die unter ungesitteten Völkern, so gemein sind;
auch unterschied er sich durch Muth, eine Tugend,
d'e bey solcher unordentlichen Lebensart nöthig, und
dennoch, wenn sie sich nicht auf den Grundsatz der
Ehre stützet, gemeiniglich ungewisser bey ihnen ist,
als bey einem gesitteten Volke. Tyrone, der von
diesem Geiste getrieben ward, nährete heimlich das
Mißvergnügen der Maguires, Odonnels, O'Rourks,
Macmahons, und andrer Empörer: Weil er sich
aber auf den Einfluß seiner betrüglichen Eide und
Erklärungen verließ, übergab er sich dem Sir
Wilhelm Russel, der im Jahre 1594, als Lord
Statthalter nach Irland hinübergesandt war.
Wider den Rath und die Vorstellung des Sir
Heinrich Bagnals, Marschalls der Armee, ließ
man ihn los; und da er wieder in sein Land kam,
faßte er den Entschluß, sich öffentlich zu empören,
und sich nicht länger auf die Gelindigkeit oder
Unerfahrenheit der englischen Regierung zu verlassen.
Er fieng einen Briefwechsel an mit Spanien;
erlangte von da eine Unterstützung an Waffen und
Kriegsbedürfnissen; und da er alle irländische
Hauptleute vereiniget, und von sich abhängig

ge-

gemacht hatte, fieng man an, ihn als einen furcht-
baren Feind zu betrachten.

Die eingebohrnen Irländer waren so kläglich
arm, daß ihr Land ihnen wenig andre Bedürfniffe
anboth, als Vieh und Habermehl, das bey
Annäherung des Feindes, leicht vernichtet und
weggetrieben ward; und da Elisabeth die Kosten
der Unterhaltung ihrer Armeen scheuete, fanden die
Engländer viele Schwierigkeit, ihre Vortheile zu
verfolgen, und den Empörern in die Moräfte,
Wälder, und andre feste Oerter nachzusetzen, wohin
sie flüchteten. Diese Ursachen machten den Sir
Johann Norris, der die englische Armee anführte,
desto bereitwilliger, jedem Antrage eines Waffen-
stillstandes oder Vergleichs Gehör zu geben, den ihm
Tyrone that; und nachdem der Krieg, durch diese
Kunstgriffe, auf einige Jahre in die Länge gezogen
war, fand dieser tapfre Engländer sich durch
treulose Versprechungen betrogen, hatte nichts
ausgerichtet, was seines alten Ruhmes würdig
war, fiel in eine auszehrende Krankheit, und starb
vor Gram und Mißvergnügen. Sir Heinrich
Bagnal, der ihm in der Befehlshaberstelle folgte,
war noch unglücklicher. Da er anrückte, das Fort
Blackwater zu befreyen, das die Empörer belagert
hatten, ward er auf einem nachtheiligen Platze
um-

umzingelt; seine Soldaten, denen der Muth fiel,
weil ein Theil ihres Pulvers zufällig Feuer faßete,
wurden in die Flucht geschlagen; und obgleich
Montacute, der die englische Reuterey anführte,
die Nachsetzenden aufhielt, so blieben doch 1500
Mann, mit dem General selbst, todt auf dem
Platze. Dieser für die Irländer so ungewöhnliche
Sieg erhöhete ihren Muth gewaltig, versorgte sie
mit Waffen und Kriegsbedürfnißen, und vergröß-
serte Tyrone's Ruhm, der jetzt den Titel annahm.
eines Befreyers seines Vaterlandes, und eines Beschützers der irländischen Freyheit s).

Der englische geheime Rath merkte jetzt, die
Empörung Irlands wäre (i. J. 1599.) zu einer
gefährlichen Höhe gediehen; und der vorige künst-
liche Behelf, den Empörern Waffenstillstand und
Frieden zu gewähren, und ihnen zu erlauben, daß
sie durch die Wiedergabe eines Theils der Beute,
die sie während ihres Aufstandes erworben hätten,
Begnadigung kaufeten, daß dieser Behelf nur die-
nete, den Geist der Meuterey und Unordnung unter ihnen zu beleben. Man beschloß daher, den
Krieg durch lebhaftere Maaßregeln zu treiben; und
die Königin richtete ihr Augenmerk auf Karl Blount,

Lord

s) Cox, 415.

Lord Mountjoy, als einen Mann, der sich bisher zwar nicht so sehr zu den Waffen, als zu den Büchern und der Gelehrsamkeit gewöhnet hatte, aber doch, wie sie dachte, mit eben so großen Eigenschaften zu dieser Unternehmung begabet war. Aber der junge Graf von Essex, der nach Ehre dürstete, und diese Befehlshaberstelle für sich selbst zu erhalten wünschte, widersetzte sich dieser Wahl; und zeigte die Nothwendigkeit, zu diesem wichtigen Geschäfte eine Person zu bestellen, die im Kriege erfahrner, zu dem geschäftigen Leben mehr gewöhnet, und eine höhere Würde und höhern Ruhm hätte, als dieser Edelmann. Man verstand, daß er bey dieser Beschreibung sich selbst meinte t); und kaum ward sein Wunsch bekannt, diese Befehlshaberstelle zu bekleiden, da seine Feinde sich noch eifriger, als seine Freunde verbanden, seine Wünsche wirksam zu machen. Viele seiner Freunde glaubten, er dürfte nie, als auf kurze Zeit, darein willigen, Bedienungen anzunehmen, die ihn vom Hofe entferneten, und ihn hinderten, die persönliche Zuneigung zu erhalten, womit die Königin ihn so augenscheinlich beehrte u).

Sei-

---

t) Bacon, v. 4, 512.
u) Cabbala, 79.

Seine Feinde hoffeten, wenn sie durch seine Abwesenheit einmal Zeit gewönne, die Reitze seiner
Person und seines Umganges zu vergessen, so
würde sein hitziges und stolzes Betragen bald einer
Fürstin Widerwillen verursachen, die gewöhnlich
solche tiefe Unterthänigkeit und Gehorsam von allen
ihren Bedienten foderte. Aber Essex war unfä-
big, so vorsichtige Betrachtungen anzustellen; und
selbst Elisabeth, die äusserst wünschte, die irländischen Empörer zu bezwingen, und von den Gaben
ihres Essex sehr eingenommen war, willigte bald
darein, ihn zum Statthalter in Irland, mit dem
Titel eines Lord-Lieutenants, zu ernennen. Um
ihn destomehr zu seiner Unternehmung zu ermuntern, gab sie ihm durch seine Bestallung eine aus-
gebreitete Gewalt, als je einem Lieutenant war
übertragen worden; die Macht, nach Belieen den
Krieg anzufangen und zu endigen, die Empörer zu
begnadigen, und alle ansehnlichste Bedienungen
des Königreichs zu besetzen x). Und um ihn des
Erfolgs zu versichern, errichtete sie eine zahlreiche
Armee von 16,000 Fußvölkern, und 1300 Pferden, die sie nachher bis zu 20,000 Fußvölkern, und
2000 Pferden vermehrete; eine Macht, die nach
aller

x) Rymer, 16, 366.

aller Vermuthung, in einem Feldzuge die Empö,
rer überwinden, und Irland völlig erobern könnte.
Die Feinde des Essex, der Großadmiral Graf von
Nottingham, der Secretair Sir Robert Cecil, Sir
Walter Raleigh, und Lord Cobham, legten auch
diesen Zurüstungen keine Hindernisse in den Weg;
sondern hoffeten, je höher die Erwartungen der
Königin von dem Erfolge stiegen, desto schwerer
würde der Ausgang ihnen entsprechen. In ähn,
licher Absicht fielen sie lieber den erhöheten Lob,
sprüchen bey, die Essex zahlreiche Freunde und
Verwandte von seinem hohen Geiste, seinen schö,
nen Gaben, seinem Heldenmuthe, seiner unbegränz,
ten Großmuth, und edlen Geburt ausbreiteten,
als daß sie denselben widersprochen hätten; auch
mißfiel es ihnen nicht, die starke Liebe zu bemer,
ken, die das Volk überall für ihn zeigte. Diese
listigen Staatsmänner hatten sein Gemüth studirt;
und da sie fanden, daß sein offner, und uner,
schrockner Muth, wenn er, durch Widerstand,
Mäßigung und Zurückhaltung lernte, unüberwind,
lich werden müßte, so entschlossen sie sich lieber,
diesen Segeln vollen Wind zu geben, da sie schon
zu sehr gespannet waren, und ihn in Gefahren zu
treiben, woraus er so wenig zu machen schien y).

Und

y) Camden, Osborne, 371.

Und um sich seine Unbehutsamkeit destomehr zu
Nutzen zu machen, stellten sie Kundschafter aus
über alle seine Handlungen, und sogar seine Ausdrücke; und es konnte nicht fehlen, sein heftiger
Muth, der, so lange er mitten am Hofe und von
Nebenbuhlern umringt war, keine Verstellung kannte, mußte, da er nur unter Freunden zu seyn
glaubte, zum Argwohne und zu boshaften Aus-
legungen Anlaß geben.

Essex verließ London im Märzmonate, unter
dem Zurufe des Pöbels; und was ihm noch mehr
Ehre machte, von einem zahlreichen Gefolge des
hohen und niedern Adels begleitet, die sich aus
Neigung zu ihm, seinem Glücke ergeben hatten,
und unter einem so berühmten Anführer Ruhm
und Kriegserfahrung zu erwerben hofften. Die
erste eigenmächtige Handlung, die er nach seiner
Ankunft in Irland ausübte, war eine Unbehutsamkeit, aber von edler Art; und in beiden Betrachtungen seiner Denkart angemessen. Er machte
seinen vertrauten Freund, den Grafen von Southhampton, zum General der Reuterey; dieser Edelmann hatte sich der Königin Ungnade, durch eine
heimliche Vermählung ohne ihre Einwilligung zugezogen, und sie hatte daher den Essex ernstlich befohlen, ihm keine Befehlshaberstelle unter sich zu

geben. Sie erfuhr kaum dieses Beyspiel seines Un-
gehorsams, als sie ihm denselben verwies, und
befahl, dem Southhampton seine Bestallung wieder zu nehmen. Aber Essex, der sich einbildete,
einige Gründe, die er ihrem ersten Befehle entgegen gesetzt, müßten sie überzeuget haben, beging
die Unvorsichtigkeit, wider diesen zweyten Befehl
Vorstellungen zu thun z); und war nicht dahin
zu bringen, daß er seinen Freund abgesetzt hätte,
bis sie ihren Befehl noch einmal wiederholte.

Essex hatte, bey seiner Landung zu Dublin
mit dem irländischen geheimen Rathe berathschla-
get über die rechte Art, den Krieg wider diese Empörer zu führen; und hier machte er sich eines
Hauptvergehns schuldig, wodurch sein ganzes Unternehmen zu Grunde ging. Er hatte immer, da
er noch in England war, das Betragen der vorigen Befehlshaber getadelt, die durch List den
Krieg in die Länge gezogen, ihre Völker in geringen Unternehmungen aufgerieben, und durch ihre
Einwilligung zu manchem Waffenstillstande, und
zu kurzen Friedensbündnißen mit den Empörern,
ihnen Zeit gegeben hatten, ihre geschwächte Macht
wie-

z) Birch's mem. 2, 481. 451.

wieder zu verstärken a). Diesen Betrachtungen zu
Folge war er immer darauf bestanden, seine Völker sogleich nach Ulster, wider den Hauptfeind Tyrone zu führen; und seine Verhaltungsbefehle waren nach diesen seinen erklärten Absichten und Ent-
schlüssen abgefaßt worden. Aber die irländischen
Räthe überredeten ihn, es wäre noch zu früh im
Jahre, um etwas zu unternehmen; und da die
Moräste, der Irländer gewöhnliche Zuflucht, für
die Engländer noch nicht wegsam wären, würde
er die gegenwärtige Zeit besser zu einem Zuge nach
Munster anwenden. Ihre geheime Ursache zu diesem
Rathe war die, daß viele von ihnen in jener Provinz Güter besassen, und den Feind ferne von ihrer
Nachbarschaft zu halten wünschten b): aber dieselbe Eigenliebe, die sie verführet hatte, diesen
Rath zu geben, brachte sie nachher auch zum
läugnen, da sie die übeln Folgen sahn, die daraus entstanden waren c).

Essex zwang alle Empörer in Munster, sich
entweder zu unterwerfen, oder in die benachbarten Provinzen zu fliehn: weil aber die Irländer

G 2   aus

---

a) Ib 431. Bacon, v. 4, 512.
b) Birch, 2, 448.
c) Windwood, 1, 140.

aus ben groffen Zurüftungen ber Königin gefchlof=
fen hatten, fie wollte, fie zu völliger Unterwürfig=
keit bringen, oder gar fie ganz vertilgen, fo be=
trachteten fie ihre jetzige Vertheidigung wie eine
gemeinfchaftliche Sache; und die englifchen Völ=
ker waren kaum hinweg, als die Inwohner von
Munftern fich wieder empörten, und ihre Verbün=
bung mit andern Landsleuten erneuerten. Mitler=
weile war die Armee, durch die Abmattungen lan=
ger und verdrüßlicher Märfche, und durch den
Einfluß der Himmelsgegend, fehr erkranket; und
bey ihrer Zurückkunft nach Dublin, um die Mitte
des Julius, erftaunlich vermindert. Ihr Muth
war auch fehr gefunken: denn, hatten fie gleich
in einigen kleinern Unternehmungen, als wider den
Lord Cahir, und andre, gefieget, fo war doch
zuweilen der feindliche Widerftand kühner gewefen,
als fie von den Irländern erwarteten, die fie zu
verachten gewohnt waren: es hatte fie aber, als
rohe und unverfuchte Kriegsleute ein kleinerer Hau=
fen Irländer bey den Glins in die Flucht gefchla=
gen; obgleich ein anfehnliches Heer von ihnen zu=
fammen war. Effex ward fo aufgebracht über
diefes fchlechte Betragen, daß er alle Officiere,
und von den Gemeinen jeden zehnten Mann ab=

dank=

bankte d). So nothwendig aber dieses Beyspiel
der Strenge war, hatte es doch die Soldaten zaghaft gemacht, und ihren Widerwillen gegen ihren
jetzigen Kriegsdienst vergrößert.

Die Königin ward äußerst mißvergnügt, da
sie hörte, daß ein so ansehnlicher Theil des Jah-
res in nichts bedeutenden Unternehmungen ver-
schwendet wäre; und sie erstaunte noch mehr, daß
Essex bey eben der Gewohnheit bliebe, die er an
andern so strenge getadelt hatte, und wovon er
wußte, daß sie ihren Absichten so sehr zuwider
wäre. Er marschirte, um seinen Leuten Zeit zu
geben, sich von ihrer Krankheit und Abmattung
zu erholen, mit einem kleinen Haufen von 1500
Mann, nach der Grafschaft Ophelie, wider die
O'Conners und O'Mores, die er zwang sich zu
unterwerfen: bey seiner Zurückkunft nach Dublin
aber fand er seine Armee so vermindert, daß er
dem englischen geheimen Rathe eine Beschreibung
seines Zustandes zusandte, und sie benachrichtigte,
wenn er nicht sogleich eine Verstärkung von 2000
Mann erhielte, so würde es ihm unmöglich seyn,
in diesem Jahre etwas wider Tyrone zu unternehmen. Damit er keinen weitern Vorwand seiner

G 3   Unthä-

d) Cox, 421.

Unthätigkeit hätte, sandte die Königin ihm sogleich
die verlangte Mannschaft e); und Essex fing endlich an, seine Macht zu einer Unternehmung auf
Ulster zu versammeln. Die Armee hatte einen so
grossen Widerwillen gegen diese Unternehmung, und
ward durch Tyrone's Ruhm so abgeschreckt, daß
viele von ihnen sich krank stellten, viele wegliefen f),
und Essex endlich fand, er könnte nach Zurücklaf-
sung der nöthigen Besatzung, kaum 4000 Mann
wider die Empörer anführen. Er rückte indessen
mit seiner kleinen Armee fort; merkte aber bald,
es würde ihm bey so später Jahrszeit unmöglich
seyn, etwas wider einen Feind auszurichten, der
zwar an Mannschaft stärker, aber doch entschlof-
sen war, jedes entscheidende Treffen zu vermeiden.
Er willigte daher in eine Unterredung mit dem
Tyrone, die dieser von ihm durch eine Bothschaft
begehrte; und wozu ein Ort neben beiden Lagern
bestimmt ward. Beide Heerführer kamen ohne einige Begleitung zusammen, und zwischen ihnen
floß ein Bach, in den Tyrone bis unter den Sat-
tel hinein ritt; Essex aber stand auf dem gegen-
seitigen Ufer. Nach einer halbstündigen Unterredung,

e) Birch, 2, 430.
f) Sydney's letters, 2, 112, f.

bung, wobey Tyrone sich sehr unterthänig, und
ehrerbietig gegen den Lord-Lieutenant bezeigte,
schlossen sie einen Waffenstillstand bis auf den ersten May, der von sechs zu sechs Wochen könnte
erneuert, aber von jeder Parten, nach einer 14
Tage vorhergegangnen Anzeige, wieder aufgehoben
werden g). Essex nahm auch von dem Tyrone
Friedensvorschläge an, denen dieser Empörer viele
unbillige und ausschweifende Bedingungen einge-
flochten hatte; und es zeigte sich nachher einige
Ursache zum Verdachte, daß er hier ein gar nicht
zu entschuldigendes Verständniß mit dem Feinde
anfing h).

Ein so unerwarteter Ausgang, eines Unter-
nehmens, das von allen, die Elisabeth gewagt
hatte, das grösseste und kostbarste war, machte
sie äusserst erbost gegen den Essex; und dieser Widerwillen ward durch andre Umstände seiner Aufführung vergrössert. Er schrieb an die Königin,
und den geheimen Rath viele Briefe voll verdrüßlicher und ungedulbiger Ausbrücke, worin er über
seine Feinde klagte, und jammerte, daß man ihren

G 4 Ver-

---

g) ib. 125.

h) Windwood, 1, 307. Bacon, v. 4, 514. 535. 557.
State-trials.

Verläumbungen gegen ihn glaubte, und Merk-
mahle eines eben so stolzen, als mißvergnügten
Herzens zeigte. Sie gab sich Mühe, ihn von ihrer
Unzufriedenheit zu benachrichtigen; befahl ihm
aber, bis auf weitern Befehl in Irland zu bleiben.

Essex erfuhr auf einmahl Elisabeths Zorn, und
die Erhöhung seines Feindes Sir Robert Cecil,
zu dem Amte eines Oberaufsehers der Vormundschaften, wonach er selbst gestrebt hatte; und aus
Furcht, wenn er noch länger abwesend bliebe,
ganz aus der Gnade der Königin zu fallen, faßte
er einen Entschluß, wovon er wußte, daß er
dem vorigen Lieblinge Elisabeths, dem Grafen
von Leicester, einmal geglückt war. Da Leicester
in den Niederlanden benachrichtigt ward, seine Gebieterin wäre äusserst mißvergnügt mit seiner Aufführung, war er ungehorsam gegen ihre
Befehle, und kam hinüber nach England; und da
er sie durch seine Gegenwart, seine Vertheidigun-
gen und Schmeicheleyen besänftiget hatte, machte
er alle Hoffnungen seiner Feinde zu Schanden i).
Weil Essex also mehr die Aehnlichkeit der Umstände
bey ihm, und Leicester, als die Verschiedenheit
ihrer Gemüthsarten erwog; brach er sogleich nach

Eng-

i) Birch, 2, 453.

England auf, und langte in schnellen Tagreisen
am Hofe an, ehe jemand das geringste von seinen
Absichten erfuhr k). Ob er gleich von Kothe und
Schweisse beschmutzt war, eilte er doch die Stiegen hinauf in das Audienzzimmer, und von da
in das geheime Gemach; und stand nicht eher
still, bis er in der Königin Schlafzimmer kam,
die eben aufgestanden war, und mit den Haaren
über dem Gesichte da saß. Er warf sich auf die
Knie, küssete ihre Hand, und hatte eine geheime
Unterredung mit ihr; worin er so gnädig aufgenommen ward, daß man ihn im Weggehn seine
große Zufriedenheit ausdrücken, und Gott danken
hörte, daß er, ungeachtet vieler draußen erlittenen
Unruhen, und Stürme, doch zu hause eine freund-
liche Stille fände l).

Aber diese Versöhnlichkeit Elisabeths war die
bloße Folge ihrer Verwunderung und des vorüber-
eilenden Vergnügens, das sie bey der plötzlichen
und unerwarteten Erscheinung ihres Lieblings empfand. Nachdem sie aber Zeit gewann, sich zu
besinnen, kamen alle seine Vergehungen ihr wieder ins Gedächtniß; und sie hielt es für nothwendig, durch eine strenge Zucht seinen stolzen und

G 5   ge-

k) Windwood, 1, 118.
l) Sydney's letters, 2, 127.

gebiethrischen Muth zu bemüthigen, der sich auf
ihre Parteylichkeit und Nachsicht verlaffen, und
unterstanden hatte, über ihre Anschläge den Herrn
zu spielen, alle ihre Gnade zu besitzen, und in den
wichtigsten Angelegenheiten, ohne Achtung ihrer
Verfügungen und Verhaltungsbefehle zu handeln.
Da Essex ihr am Nachmittage aufwartete, fand
er sie in ihrem Betragen gegen ihn höchst verändert: sie ließ ihn in sein:m Zimmer bewachen; zwey-
mal von dem geheimen Rathe abhören; und obgleich seine Antworten gemäßigt, und unterthänig
waren, übergab sie ihn doch dem Großsiegelbewahrer Egerton zum Gefangnen, hielt ihn von
aller Gesellschaft abgesondert, sogar von seiner
Gemahlin, und erlaubte ihm nicht einmal den
Briefwechsel. Essex ließ sich viele Ausdrücke der
Erniedrigung und des Kummers, aber keinen Ausdruck der Rache entfallen; er bekannte eine völlige
Unterwerfung unter den Willen der Königin; erklärte seine Absicht, sich auf das Land zu begeben,
und künftig ein Privatleben, fern von Höfen, und
Geschäften zu führen: aber so sehr er sich stellte,
von seiner hochstrebenden Ehrsucht geheilet zu seyn,
so griff doch der Gram über diesen mißgelungnen
Streich, und diesen von seinen Feinden gewon-
nenen Sieg, seinen stolzen Geist so sehr an, daß
er

er in eine Krankheit fiel, die sein Leben in Gefahr zu setzen schien.

Die Königin hatte immer vor aller Welt, und auch gegen den Grafen selbst erklärt, die Absicht ihrer Strenge wäre nur seine Besserung, und nicht sein Untergang m); und da sie seinen Zustand erfuhr, ward sie durch die Gefahr nicht wenig beunruhiget. Sie befahl acht Aerzten von dem besten Ruhme und Erfahrung, über seine Krankheit zu berathschlagen; und da sie benachrichtiget ward, der Ausgang wäre sehr zu fürchten, sandte sie den Doctor James mit einer Suppe zu ihm, und verlangte, dieser Arzt sollte ihm eine Bothschaft überbringen, der sie vermuthlich eine weit grössere Kraft zuschrieb; sie würde ihm selbst, wenn ein solcher Schritt mit ihrer Ehre bestehn könnte, einen Besuch geben. Die Umstehenden, die ihr Gesicht sorgfältig beobachteten, bemerkten, daß ihr bey diesen Worten Thränen in die Augen stiegen n).

Da diese Zeichen der erneuerten Liebe der Königin für den Essex bekannt wurden, verursachten sie der Partey eine merkliche Unruhe, die sich wider ihn erkläret hatte. Sir Walter Raleigh besonn-

m) Birch, 2, 444, f. Sydney, 2, 127.
n) ib. 151.

fonders, als der heftigſte und ehrgeizigſte ſeiner
Feinde, ward von dem Anſcheine dieſer plöͤtzlichen
Veraͤnderung ſo betroffen, daß er ebenfalls in eine
Krankheit verfiel, und die Koͤnigin genoͤthigt ward,
fuͤr ſeine Wunde eben die Salbe zu gebrauchen,
und ihm eine guͤnſtige Bothſchaft zu ſenden, die
ihren Wunſch nach ſeiner Wiederherſtellung anzeigte o).

Die Arzenen, welche die Koͤnigin dieſen hoch-
ſtrebenden Nebenbuhlern (i J. 1600.) reichen ließ,
ſchlug bey beiden an; und da dem Eſſex itzt die
Geſellſchaft ſeiner Gemahlin erlaubt war, und er
ſchmeichelhaftere Hoffnungen von ſeinem kuͤnftigen
Gluͤcke hegte, ward ſeine Geſundheit ſo ſehr her-
geſtellet, daß man alle Gefahr verſchwunden glaubte. Man brachte der Eliſabeth den Glauben bey,
ſeine ganze Krankheit waͤre Verſtellung geweſen,
um ihr Mitleiden zu erregen p); und ſie verfiel
wieder in ihre vorige Strenge gegen ihn. Er ſchrieb
an ſie, und uͤberſandte ihr ein reiches Neujahrs-
geſchenk, wie unter den Hofleuten dieſer Zeit ge-
woͤhnlich war: ſie las den Brief, aber das Geſchenk verwarf ſie q). Indeſſen erlaubte ſie ihm
nach

o) ib. 139.
p) ib. 153.
q) ib. 155. C.

nach einiger Frist ihrer Strenge, sich nach seinem
eignen Hause zu begeben, und obgleich er noch
immer unter Aufsicht blieb, und von aller Gesellschaft entfernt gehalten ward, war er doch für
dieses Zeichen ihrer Gelindigkeit so dankbar, daß
er ihr bey dieser Gelegenheit ein Danksagungs-
schreiben sandte. „Dieser fernere Grad der Güte,
„ sagte er, erschallet in meinen Ohren, als wenn
„ Ihre Majestät diese Worte sprächen: Stirb
„ nicht, Essex, denn ob ich gleich dein Ver-
„ gehn bestrafe, und dich zu deinem Besten
„ demüthige, so sollst du mir doch noch ein-
„ mal wieder dienen. Meine hingeworfne Seele
„ giebt diese Antwort. Ich hoffe auf diesen
„ gesegneten Tag. Und in Hoffnung auf den-
„ selben trage ich alle meine Leiden am Körper
„ und an der Seele, demüthig, geduldig und freu-
„ dig r).“ Die Gräfin von Essex, Sir Franz
Walsinghams Tochter, hatte sowohl als ihr Gemahl einen sehr feinen Geschmack in der Gelehrsamkeit; und der vornehmste Trost, den Essex
während dieser Zeit seiner Bekümmerniß und Erwartung genoß, war ihre Gesellschaft, und daß er
mit ihr solche lehrreiche und unterhaltende Schriftsteller

---

r) **Birch.** 2. 444.

fteller las, die er auch in feinem gröffeften Wohl-
ftande nie ganz vernachläßiget hatte.

Verfchiedne Vorfälle erhielten der Königin Zorn
wider den Effex. Jede Nachricht, die fie von Irland empfieng, überzeugte fie mehr und mehr von
feiner fchlechten Aufführung bey diefer Befehlsha-
berfchaft, und von den unbedeutenden Endzwe-
cken, wozu er fo groffe Macht und Schätze ange-
wandt hatte. Tyrone war fo wenig unterdrücket,
daß er es gut fand in weniger, als drey Monaten den Waffenftillftand zu brechen, und in Verbindung mit O'Donnel und andern Empörern, faft
das ganze Königreich zu überfchwemmen. Er prahlte
damit, daß er gewiß wäre, er würde eine Unter-
ftützung an Mannfchaft, Gelde und Waffen aus
Spanien erhalten: er gab fich für einen Streiter
der katholifchen Religion aus; und frohlockte laut
über das Gefchenk einer Phönixfeder, die der Papft
Clemens der achte, um ihn zur Vertheidigung einer
fo guten Sache zu ermuntern, geweihet, und ihm
gegeben hatte s). Um feinen Fortgang zu hemmen, ergriff die Königin ihre vorige Abficht wieder, Mountjoy zum Unterftatthalter zu ernennen;
und obgleich diefer Edelmann, der ein vertrauter

Freund

s) Camden, 617.

Freund von Essex war, und dessen Zurückkehr zu
der Befehlshaberstelle wünschte, sich Anfangs sehr
ernstlich mit seiner schlechten Gesundheit entschuldigte, zwang sie ihn doch, diese Bedienung anzunehmen.   Mountjoy fand die Insel in einem fast
verzweifelten Zustande: Weil er aber ein geschickter
und thätiger Mann war, ließ er den Muth so wenig
sinken, daß er sogleich wider Tyrone in Ulster
anrückte.   Er drang in das Herz dieses Landes, als
den Hauptsitz der Empörer: er befestigte Derry und
Mount-Norris, um die Irländer im Zaum zu halten; er schlug sie aus dem Felde, und zwang sie, in
die Wälder und Moräste zu fliehn: er brauchte, mit
eben so glücklichem Erfolge, den Sir Georg Carew in
Munster; und gab durch diese viel versprechenden
Thaten dem Ansehn der Königin in diesem Lande
neues Leben.

Da die Vergleichung beider Verrichtungen,
eines Mountjoy und eines Essex, die Elisabeth
ihrem Lieblinge schon abgeneigter machte; so bekam
sie noch mehr Widerwillen gegen ihn, durch die
Parteylichkeit des Volkes, das einen übertriebnen
Begriff von des Essex Verdienste hegte, und über
die Ungerechtigkeit klagte, die ihm durch seine
Entfernung vom Hofe, und durch seine Gefangenschaft widerfahren wäre.   Heimlich verbreitete

man

man Schmähschriften wider Cecil, und Raleigh,
und alle seine Feinde.   So groß immer seine Liebe
bey dem Volke gewesen war, so ward sie doch
durch seine Unglücksfälle mehr vergrößert, als
verringert.   Elisabeth hatte oft, um von dem
Publikum ihre Aufführung gegen ihn zu rechtfertigen, ihre Absichten geäußert, über seine Vergehungen in der Sternkammer Gericht halten zu lassen:
aber ihre Zärtlichkeit gegen ihn siegte zuletzt über
ihre Strenge; und sie begnügte sich ihn nur durch
den geheimen Rath abhören zu lassen. Der General
Anwald, Coke, eröffnete die Anklage wider ihn,
und begegnete ihm mit der Grausamkeit und Unverschämtheit, die dieser große Rechtsgelehrte gewöhnlich wider Unglückliche ausübte.   Er mahlte
mit den stärksten Farben alle Vergehungen, deren
sich Essex bey seiner Befehlshaberschaft in Irland
schuldig gemacht hatte; daß er den Southampton,
wider der Königin ernstlichen Befehl, zum General
der Reuterey ernannt; die Unternehmung wider
Tyrone aufgegeben hätte, und nach Leinster, und
Munster marschiret wäre; daß er gar zu viele zu
Rittern gemacht; eine heimliche Unterredung mit
Tyrone gehalten hätte, und plötzlich, ohne Achtung
für die Befehle Ihrer Majestät, aus Irland
zurückgekommen wäre.   Er vergrößerte auch die

Schmach

Schmach der Bedingungen, die er sich von Throne hätte vorlegen lassen; verhaßte, und verabscheuungswerthe Bedingungen sagte er; die öffentliche Duldung einer abgöttischen Religion, Begnadigung für ihn selbst, und alle Verräther in Irland, und die völlige Wiedererstattung aller ihrer Länder und Besitze. t) Der Generalprocurator Fleming, hielt sich noch länger bey dem verschlimmerten Zustande auf, worin der Graf das Königreich zurückgelassen hätte; und Franz Bacon, ein Sohn des Sir Nikolaus Bacons, der in dem Anfange dieser Regierung Großsiegelbewahrer gewesen war, beschloß die Anklage damit, daß er die pflichtvergeßnen Ausdrücke zeigte, die in einigen Briefen des Grafen enthalten wären.

Da die Reihe an Essex kam, für sich selbst zu reden, entsagte er mit großer Unterthänigkeit und Erniedrigung allen Ansprüchen auf eine Schutzrede; u) und erklärte seinen Entschluß, nie, bey dieser, oder einer andern Gelegenheit, einen Streit mit seiner Monarchin zu haben. Er sagte, nachdem er sich von der Welt getrennet, und allen ehrsüchtigen Gedanken abgeschworen hätte, trüge er kein

Be

t) Birch, 2, 449.
u) Sydney, 2, 202.

Bedenken, jedes Versehn oder jede Vergehung zu bekennen, wozu seine Jugend, seine Thorheit, oder seine mannichfaltigen Schwachheiten ihn möchten verleitet haben: Sein innerer Gram über seine Vergehungen wider ihre Majestät wäre so tief, daß er alle seine äußern Leiden und Kränkungen übertreffe, auch bliebe ihm kein Zweifel übrig, sich einem öffentlichen Bekenntnisse alles dessen zu unterwerfen, wessen sie ihn zu beschuldigen geruhete: bey seinem Geständnisse behielte er sich nur eins vor, das er nie, als mit seinem Leben, aufgeben könnte, nemlich die Behauptung eines pflichtmäßigen und unbefleckten Herzens, einer ungeheuchelten Zuneigung, und eines ernstlichen Verlangens, Ihrer Majestät immer die besten Dienste zu leisten, die seine geringen Fähigkeiten ihm erlaubten: und wenn der geheime Rath diese Gesinnungen an ihm erkennete, so würde er sich gerne bey jeder Verurtheilung oder jedem Ausspruche beruhigen, den derselbe wider ihn thun könnte. Diese Unterwerfung drückte er mit so vieler Beredsamkeit und auf so rührende Art aus, die vielen Zuschauern Thränen auspressete. x) Alle geheime Räthe, die ihr Bedenken hierüber gaben, machten keine Schwierigkeit, dem Grafen wegen der

Recht-

x) ib. f.

Rechtmäßigkeit seiner Absichten Gerechtigkeit widerfahren zu laſſen. Selbſt Cecil, den er für ſeinen
Todfeind hielt, begegnete ihm mit Achtung, und
Freundlichkeit. Das Urtheil, das der Großſiegelbewahrer abfaſſete, und dem der geheime Rath
beyfiel, lautete alſo: „Wäre dieſe Sache in der
„Sternkammer unterſucht worden, ſo müßte mein
„Ausſpruch eine ſo große Geldſtrafe beſtimmt
„haben, als nur je auf eines Menſchen Kopf in
„dieſem Gerichte iſt geſetzt worden; und dazu eine
„ewige Gefangenſchaft in dem Gefängniſſe, das
„einem Manne von dieſem Stande zukömmt, dem
„Tower. Weil wir aber jetzt an einem andern
„Orte, und in dem Laufe der Gnade ſind; ſo iſt
„meine Meinung, der Graf von Eſſex dürfe weder
„das Amt eines geheimen Raths, noch eines
„Grafen-Marſchalls von England, noch eines
„Befehlshabers der Artillerie verwalten; und er
„möge wieder nach ſeinem Hauſe gehn, um da als
„Gefangner zu bleiben, bis es Ihrer Majeſtät
„belieben wird, ihm dieſen und den übrigen Theil
„ſeines Urtheils zu erlaſſen.“ y) Der Graf von
Cumberland widerſetzte ſich dieſem Urtheile nur
ſchwach; und ſagte, hätte er es für ſchicklich

ge-

---

y) Birch, 2, 454. Camden, 626. f.

gehalten, so würde er etwas längere Zeit zur
Ueberlegung gefodert haben; für ein wenig streng
hielte er es; und jeder Oberbefehlshaber könnte
leicht in ähnliche Strafe verfallen. Indessen
stimme ich, setzte er hinzu, im Vertrauen auf ihrer
Majestät Gnade, den Uebrigen bey. Der Graf von
Worcester sagte seine Meinung in einem Paar lateinischen Versen, des Inhalts, wenn Götter beleidiget wären, so dürften Unglücksfälle selbst für
Verbrechen angerechnet werden; und Zufall wäre
keine Entschuldigung für Vergehungen wider die
Gottheit.

Bacon, der sich nachher so sehr in seinen hohen
Aemtern, und noch mehr durch seine tiefe Einsicht
in die Wissenschaften unterschied, war nahe verwandt mit dem Cecilischen Hause, indem er Lord
Burleighs Neffe, und des Staatssecretairs
Schwestersohn war: Aber ungeachtet seiner außerordentlichen Gaben, hatte er bey seinen mächtigen
Verwandten so wenig Unterstützung gefunden, daß
er noch keine Rechtsbedienung erhalten hatte, da
dieses doch seine Wissenschaft war. Aber Essex,
der Verdienst zu unterscheiden wußte, und es eifrig
liebte, hatte mit Bacon eine vertraute Freundschaft
aufgerichtet; hatte eifrig, obgleich ohne Erfolg,
versucht, ihm das Amt eines Procurator der
Kö-

Königin zu verschaffen; und um seinen Freund
wegen dieser fehlgeschlagnen Absicht zu trösten, ihm
ein Geschenk von Ländereyen gemacht, deren Werth
1800 Pfund betrug. z) Das Publikum konnte
Bacons Erscheinung in dem geheimen Rathe wider
einen so freygebigen Wohlthäter gar nicht entschuldigen; obgleich er aus Gehorsam gegen der Königin
Befehl handelte: sie aber war so zufrieden mit seinem Betragen, daß sie ihm ein neues Geschäft
auflegte, nemlich eine Erzählung von den Verhandlungen dieses Tages aufzusetzen, um die Nation
von der Gerechtigkeit und Gelindigkeit ihrer Aufführung zu überzeugen. Bacon, dem es mehr an
einer standhaften Denkart, als an einem menschlichen Herzen fehlte, gab der ganzen Handlung die
günstigste Wendung für den Essex, und besonders
schilderte er in gewählten Ausdrücken die pflicht-
mäßige Unterwerfung, die dieser Edelmann in der
Vertheidigung seiner Aufführung zeigte. Da er ihr
die Schrift vorlas, lächelte sie bey dieser Stelle, und
machte dem Bacon die Anmerkung, sie sehe, man
könnte der alten Liebe doch nicht leicht vergessen. Er
antwortete, daß er hoffte, sie verstünde dieses von
sich selbst. a)

H 3 Je-

z) Cabbala, 78. a) ib. 83.

Jedermann erwartete in der That, Essex würde bald wieder zu seinem vorigen Ansehn gelangen: b) und vielleicht, wie bey Versöhnungen gewöhnlich ist, die sich auf Zuneigung gründen, ein verstärktes Gewicht bey der Königin erhalten, und wieder mehr, als jemals ihr Liebling werden. Sie wurden in dieser Hoffnung bestärkt, da sie sahn, daß ihm, ungeachtet des Verbots, am Hofe zu erscheinen, c) noch seine Bedienung eines Oberstallmeisters gelassen, seine Freyheit wieder hergestellt ward, und allen seinen Freunden der Zugang zu ihm wieder offen stand. Essex selbst schien entschlossen, in der Aufführung fortzufahren, die ihm bisher so wohl geglückt war, und wozu ihn die Königin durch alle diese Zucht zu gewöhnen gesucht hatte. Er schrieb an sie, er küssete Ihrer Majestät Hände, und die Ruthe, womit sie ihn gezüchtiget hätte: doch könnte er nie seine gewöhnliche Freudigkeit wieder erlangen, biß sie ihn wieder jener Gegenwart würdigte, die immer die Hauptquelle seiner Glückseligkeit und Freude gewesen wäre. Er hätte sich itzt entschlossen, seine vorigen Vergehungen wieder gut zu machen, sich in eine ländliche Einsamkeit zu be-

b) Winwood, 1, 254.
c) Birch, 2, 462.

begegnen, und mit Nebukadnezar zu sagen, „laß
„ mich meinen Aufenthalt unter den Thieren des
„ Feldes haben, laß mich Gras essen, wie ein Rind,
„ und mit dem Thaue des Himmels befeuchtet
„ werden; bis die Königin geruhet, mir meinen
„ Verstand wieder zu geben.“   Der Königin
gefielen diese Gedanken sehr: und sie antwortete,
daß sie sehr wünschte, seine Handlungen möchten
seinen Ausdrücken entsprechen: er hätte ihre Geduld
lange auf die Probe gestellt, und es wäre billig, daß
sie jetzt einen Versuch auf seine Unterthänigkeit
machte: Ihr Vater würde nie so viel Trotz
verziehen haben; hätte aber der Ofen der
Trübsal so gute Wirkungen hervorgebracht, so
würde sie nachher immer die beste Melkung von ihrer
Scheidekunst haben. d)

Der Graf von Essex hatte ein Monopolium
auf süsse Weine; und da sein Freyheitsbrief bald
verfallen war, erwartete er geduldig, ob die Köni=
gin ihn erneuern wollte; und betrachtete diesen
Vorfall als den kritischen Umstand seines Lebens,
der bestimmen würde, ob er je hoffen dürfte, sein
voriges Ansehn und seine Gewalt wieder zu

H 4   er=

d) Camden, 628.

erlangen. e) Aber so gnädig Elisabeth in ihrem
Betragen, so war doch ihr Gemüth etwas stolz und
strenge; und da sie beständig von Essex Feinden
umringt war, fand man Mittel, sie zu überreden,
sein stolzer Geist wäre noch nicht genug gedemüthi-
get, und er müßte noch diese Prüfung ausstehn,
ehe sie ihn sicher wieder in ihre Gunst aufnehmen
könnte. Sie schlug daher seine Bitte ab; und setzte
noch in einem verächtlichen Ausdrucke hinzu, ein
unbändiges Thier, müßte in seinem Futter eingeschränkt werden. f)

Diese Härte, die einen Grad zu weit getrieben
war, schlug zu dem endlichen Untergange dieses
jungen Edelmanns aus, und war für die Königin
selbst eine Quelle unendlichen Kummers und
Grams. Essex, der mit großer Schwierigkeit
seinen stolzen Muth so lange unterdrückt hatte, und
dessen Geduld jetzt erschöpft war, bildete sich ein,
die Königin wäre ganz unerbittlich; brach auf
einmal durch allen Zwang der Unterthänigkeit und
Klugheit; und war entschlossen, Befreyung zu
suchen, indem er zu den äußersten Mitteln wider
seine Feinde griffe. Selbst da er in den größesten
Gna-

e) Birch, 3, 472.
f) Camden, 628.

Gnaden stand, war er immer gewohnt gewesen,
gegen seine Monarchin mit vielem Stolze zu verfahren; und da dieses Verhalten seiner Gemüthsart schmeichelte, und ihm zuweilen glückte, hatte er
sich unbedachtsamerweise eingebildet, dieses wäre
die einzige rechte Art mit ihr umzugehn: g) da er
aber jetzt zur Verzweiflung gebracht war, ließ er
seiner heftigen Gemüthsart den Zügel schießen, und
warf allen Schein der Pflicht und Ehrerbietung von
sich. Berauscht von der allgemeinen Gunst, die
er schon besaß, brauchte er aufs Neue jede Kunst,
die Liebe des Volks zu gewinnen; und suchte das
allgemeine Wohlwollen durch eine gastfreye Lebensart zu vergrößern, die seinem Zustande und seinen
Umständen wenig angemessen war. Seine vorigen
Bedienungen hatten ihn in große Verbindungen mit
Edelleuten vom Kriegsstande gesetzt; und jetzt
unterhielt er durch vermehrte Liebkosungen und
Höflichkeiten, eine Freundschaft mit allen tollkühnen
Abentheurern, von deren Ergebenheit er hoffte, sie
könnte ihm bey seinen gegenwärtigen Absichten
nützlich werden. Heimlich erschmeichelte er sich das
Zutrauen der Katholiken; hauptsächlich aber setzte
er seine Zuversicht auf die Puritaner, denen er

H 5 öf-

g) Cabbala, 79.

öffentlich schmeichelte, und deren Sitten er völlig
angenommen zu haben schien. Er nöthigte die
berühmtesten Prediger dieser Sekte, sich in Essex-
House zu versammeln; er ließ tägliche Gebete und
Predigten unter seiner Familie halten; und lud alle
Eiferer in London ein, diesen frommen Uebungen
beyzuwohnen. Es war die Gesinnung, die jetzt
unter den Engländern zu herrschen anfieng, daß
statt der Gastmahle und öffentlichen Schauspiele,
wodurch man vor Zeiten den Pöbel in Republiken
gewann, nichts einen ehrgeizigen Aufwiegler bey
dem Publikum so nachdrücklich in Gunst setzte,
als jene schwärmerischen Zusammenkünfte. Und
da die puritanischen Prediger in ihren Reden häufig
die Lehre von dem Widerstande gegen die Obrigkeit
einschärften; so bereiteten sie die Gemüther ihrer
Zuhörer auf jene Endzwecke, die Er heimlich zu
erreichen suchte. h)

Aber die größte Unvorsichtigkeit dieses Edelmanns entstand aus seiner offnen Gemüthsart,
wodurch es ihm sehr wenig möglich war, in so
schweren, und gefährlichen Entwürfen glücklich zu
seyn. Er erlaubte sich große Freyheiten im Reden,
und man hörte ihn sogar von der Königin sagen, sie

wä-

---

h) Birck, 2. 463. Camden, 630.

wäre jetzt eine alte Dame, und ihre Seele eben so
krumm geworden, als ihr Körper. i) Gewisse Hof=
damen, um derer Gunst sich Essex vormals nicht
bekümmert hatte, brachten der Elisabeth diese
Nachrichten zu, und machten sie in hohem Grade
wider ihn erboßt. Elisabeth war immer ausneh=
mend eifersüchtig auf diesen Punkt: und obgleich
sie sich jetzt ihrem siebenzigsten Jahre näherte, ließ
sie sich doch von ihren Hofleuten, k) und selbst von
fremden Gesandten, l) Höflichkeiten über ihre
Schönheit sagen; und alle ihre Vernunft war nicht
vermögend gewesen, sie von dieser albernen Schwach=
heit zu heilen. m)

Essex

i) Camden, 629. Osborne, 397. Sir Walter Raleigh's
prerogative of parliament, 43.

k) Birch, 2, 442. f.

l) Sydney's letters, 1, 171.

m) Die meisten Hofleute der Königin Elisabeth stelleten
sich, als begten sie Liebe und zärtliche Wünsche für sie,
und sprachen immer zu ihr in dem Tone der Leidenschaft
und Galanterie. Da Sir Walter Raleigh in Ungnade
gefallen war, schrieb er folgenden Brief an den Sir
Robert Cecil, seinen Freund, ohne Zweifel in der Ab=
sicht, daß er der Königin möchte gezeigt werden.
„Mein Herz war nie kleinmüthig, bis auf diesen
Tag, da ich höre, daß die Königin so weit von hier
geht

Effex brauchte noch andre Mittel, die, wo es
möglich ist, die Königin noch mehr aufbrachten,
als jene Spöttereyen über ihr Alter, und ihre Häß-
lichkeit; er wandte sich nemlich insgeheim an den
König von Schottland, ihren Erben und Thron-
:fol-

geht; sie, der ich so viele Jahre, mit so großer Liebe
und Verlangen, auf so vielen Reisen gefolgt bin, und
die mich jetzt in einem dunkeln Gefängnisse, ganz allein
zurück läßt. Da sie mir noch näher war, so daß ich
alle zwey oder drey Tage etwas von ihr hörte, da war
mein Kummer geringer; aber jetzt ist mein Herz in
die Tiefe alles Jammers versunken. Ich, der ich
gewohnt war, sie reiten zu sehen wie Alexander, oder
jagen wie Diana, oder einhergehn wie Venus, wann
die sanfte Luft ihr schönes Haar um ihre reinen
Wangen blies, wie einer Nymphe; wann sie zuweilen
im Schatten saß, wie eine Göttin, zuweilen sang, wie
ein Engel, zuweilen spielte, wie Orpheus; was für
Bekümmerniß hat diese Welt? ein Fehltritt hat mir
alles geraubet. O Herrlichkeit, die nur im Unglücke
schimmert! was ist aus deiner Versicherung geworden?
Alle Wunden setzen Narben; nur der Einbildungskraft
ihre nicht. Alle Leidenschaften werden schwächer; nur
die zu einem Frauenzimmer nicht. Wer ist Richter
der Freundschaft, als die Widerwärtigkeit? Oder, wann
wird Gnade bewiesen, als bey Beleidigungen? Es
wäre selbst keine Gottheit, als nur des Mitleidens
we-

folger. Dieſer Fürſt war in dieſem Jahre nur
eben einer gefährlichen, obgleich ſchlecht veran-
ſtalteten, Verſchwörung des Grafen von Gowry
entgangen; und ſelbſt ſeine Befreyung war mit
dieſem unangenehmen Umſtande verbunden, daß die
hart-

wegen: denn Rache iſt viehiſch und nur Sterblicken
eigen: Können alle die vergangnen Zeiten, Liebe,
Seufzer, Sorgen, Wünſche, nicht ein vergänglices
Unglück überwiegen? Kann ein Tropfen Galle ſich
nicht in ſo großen Süßigkeiten verliebren? Ich muß
alſo den Schluß machen, Spes & Fortuna, valete!
Sie iſt hinweg, auf die ich hoffte; und denkt an mich
nicht mit einem gnädigen Gedanken, nicht mit einer
Rückſicht auf das Vergangne. Man thue mir jetzt,
was man will. Ich bin des Lebens überdrüßiger, als
andre nach meinem Tode begierig ſind. Hätte ich
dieſen für ſie ſterben können, wie es durch ſie geſchieht;
ſo wäre ich unter einem gar zu glücklichen Geſtirn
gebohren" Murden, 657. Es iſt zu merken, daß
dieſe Nymphe, Venus, Göttin und Engel damals über
ſechzig Jahr alt war. Doch erlaubte ſie fünf oder
ſechs Jahre ſpäter noch dieſelbe Sprache gegen ſich.
Sir Heinrich Unton, ihr Geſandter in Frankreich,
erzählet ihr eine Unterredung, die er mit Heinrichen
dem Vierten gehabt hatte. Nachdem der Monarch ihn
bey ſeiner Maitreſſe, der ſchönen Gabrielle eingeführet
hatte, fragte er ihn, wie ſie ihm gefiele? „Ich ant-
wor-

hartnäckigten Geistlichen, trotz der unwidersprechlichen Gewißheit, ihm ins Angesicht widersprachen, daß keine solche Verschwörung gewesen wäre. Jakob, der mit seinen unruhigen und aufrührerischen Unterthanen geplaget war, warf einen ver-
lan-

wortete sehr wenig zu ihrem Lobe, sprach der Minister, und sagte ihm, wenn ich es ohne Beleidigung sagen dürfte, so hätte ich ein Gemälde einer weit schönern Dame, und das dennoch weit unter der Vollkommenheit ihrer Schönheit wäre. O! bey Ihrer Freundschaft, sprach er, zeigen Sie mir es, wenn Sie es bey sich haben. Ich machte einige Schwierigkeiten; doch auf sein dringendes Bitten hielt ich es ihm ganz verborgen vor die Augen, indem ich es noch in der Hand hatte. Er betrachtete es mit Leidenschaft und Bewunderung, und sagte, ich hätte Recht; (Je me rends,) und versicherte, er hätte nie desgleichen gesehn; und so küssete er es mit großer Ehrerbietung zwey oder dreymal, indem ich es immer in der Hand behielt. Endlich nahm er es mir, mit einer Art von Kampfe weg; und schwor, ich müßte von demselben Abschied nehmen; denn er würde es für keinen Schatz fahren lassen; und um die Gunst dieses angenehmen Gemäldes zu besitzen, würde er alle Welt verlassen, und sich für höchst glücklich halten; und noch viele andre verliebte Reden." Murden, 718. Mehrere Umstände dieser Art lese man bey dem Verfasser des Catalogue of royal and noble Authors, in dem Artikel Essex.

langenden Blick auf die englische Thronfolge; und
wie die Königin an Jahren zunahm, so wuchs
seine Begierde, diesen Thron zu besteigen, worauf
er, außer dem großen Zuwachse seiner Macht und
seines Glanzes, ein Volk zu beherrschen hoffte, das
viel lenkbarer und unterthäniger wäre. Er unter-
handelte mit allen europäischen Höfen, um sich
gewisse Freunde und Anhänger zu machen.   Er
gieng auch nicht den römischen, und spanischen Hof
vorbey; und obgleich er sich in kein ausdrückliches
Versprechen einließ, so schmeichelte er doch den
Katholiken mit Hoffnungen, daß sie im Falle seiner
Thronbesteigung, mehr Freyheit erwarten dürften,
als ihnen jetzt zugestanden würde.   Elisabeth war
die einzige Fürstin in Europa, gegen die er sich
niemals unterstand, seines Rechts zur Thronfolge
zu erwähnen: denn er wußte, so sehr auch ihr
hohes Alter sie nöthigen sollte, auf die Bestimmung
eines Thronerben zu denken, daß sie doch nie
den Anblick ihres Todes ohne Entsetzen ertragen
könnte, und entschlossen wäre, ihn und alle Mitwerber in einer gänzlichen Abhängigkeit von sich zu
erhalten.

Essex stammete von mütterlicher Seite von dem
königlichen Hause ab; und einige Verwandte unter
seinen Anhängern waren so unvorsichtig gewesen,

sei-

seinen Namen unter andern Kronprätendenten mit
zu nennen: Der Graf aber bemühete sich, durch
den Heinrich Lee, den er heimlich nach Schottland
sandte, den Jakob versichern zu lassen, er wäre so
weit davon entfernt, solche ehrsüchtige Absichten zu
hegen, daß er vielmehr entschlossen wäre, jedes
Mittel zu brauchen, um eine unmittelbare Erklärung für das Folgerecht dieses Monarchen zu er-
zwingen. Jakob gab diesem Antrage willig Gehör;
billigte aber nicht die gewaltsamen Mittel, deren
sich Essex bedienen wollte. Essex hatte seinen
Entwurf dem Mountjoy, Statthalter von Irland,
mitgetheilet; und da niemand die herzliche Liebe
und Ergebenheit seiner Freunde mehr in seiner
Gewalt hatte, so war selbst ein Mann von solcher
Tugend und Klugheit verführt worden, den Vorsatz
zu fassen, er wollte mit einem Theile seiner Armee
nach England hinübergehn, und die Königin
zwingen, den König von Schottland zu ihrem
Thronfolger zu erklären. n) Und Essex war so
ungeduldig eifrig, daß er noch immer, obgleich
Jakob dieses gefährliche Mittel ausschlug, den
Mountjoy zu bereden suchte, den Entwurf nicht
aufzugeben: aber der Statthalter hielt eine solche

Es

n) Birch, 2, 471.

Gewaltthätigkeit, die der Klugheit gemäß wäre, und sich so gar rechtfertigen ließ, wenn ein Monarch, als nächster Kronerbe, ihn unterstützte, für übereilt und sträflich, wenn Unterthanen ihn ausführen wollten; und versagte ihm daher ganz seinen Beystand. Indessen ward der Briefwechsel zwischen Essex und dem schottischen Hofe immer mit Heimlichkeit und Aufrichtigkeit geführet; und ausser daß sich jener Jakobs Gunst erwarb, stellet, er alle seine eignen Feinde als Feinde der Thronfolge dieses Fürsten vor, und als Leute, die den spanischen Vortheilen ganz ergeben wären, und es mit den chimärischen Ansprüchen des Infanten hielten.

Der Infant und Erzherzog Albert hatte der Königin einige Friedensanträge gethan; und Bologna ward als eine neutrale Stadt, zu dem Orte der Unterhandlung erwählet. Sir Heinrich Nevil, der englische Resident in Frankreich, Herbert, Edmundes, und Beale gingen als Gesandte von England dahin; und unterhandelten mit Zuniga, Carillo, Richardot, und Verheiken, den Ministern Spaniens und des Erzherzogs: man brach aber bald (am 16ten May) die Unterhandlung ab, wegen eines Cärimonienstreites. Unter den europäischen Staaten war England immer der Vorgang

vor Castilien, Arragonien, Portugall, und den
andern Königreichen, woraus die spanische Monarchie bestand, zuerkannt worden; und Elisabeth
bestand darauf, dieses alte Recht wäre nicht durch
die Verknüpfung dieser Staaten verloren worden;
und obgleich Spanien in seinem gegenwärtigen Zustande England sowohl an Größe, als Macht
überträfe, so könnte es sich mit dessen Alter doch
nicht vergleichen, welches die einzige dauerhafte
und ordentliche Grundveste des Vorgangrechtes,
unter Königreichen, wie unter adlichen Häusern
wäre. Um indessen ihre friedsame Gesinnung zu
zeigen, begnügte sie sich, eine Gleichheit zu fodern: aber die spanischen Minister, deren Land
Frankreich selbst den Vorgang streitig gemacht hatte,
den ihm doch England einräumete, wollten in
der Unterhandlung nicht weiter gehn, bis ihnen
der Vorzug zugestanden würde o). Während der
Zubereitungen zu dieser zerschlagnen Unterhandlung,
hatten der Graf von Nottingham, der Admiral
Lord Buckhurst, der Schatzmeister und der Secretair Cecil, ihre Neigung zum Frieden geäussert;
und da die englische Nation, von ihrem Glücke
aufgeblasen, und muthig in ihren Hoffnungen auf

Beu-

o) Winwood, memorials, 1, 186-226.

Beute und Eroberung, überhaupt diesem Verfahren abgeneigt war, so kostete es einem so beliebten Manne, wie Essex, wenig, dem grossen Haufen die Meynung einzuflössen, diese Minister hätten die Vortheile ihres Landes Spanien aufgeopfert, und würden sich auch kein Bedenken machen, sogar einen Monarchen von dieser feindlichen Nation anzunehmen.

Aber Essex begnügte sich nicht mit diesen Kunstgriffen, um seine Widersacher in übles Gerücht zu bringen; sondern er veranstaltete noch gewaltsamere Mittel zu ihrem Untergange: und dazu reizte ihn hauptsächlich sein Secretair Cuffe; ein Mann von kühnem und stolzem Muthe, der sich grosse Gewalt über seinen Beschützer erworben hatte. Es vereinigte sich eine auserlesene Rathsversammlung, die gemeiniglich in Drury-house zusammen kam; die Mitglieder waren Sir Karl Davers, dem das Haus zugehörte, der Graf von Southampton, Sir Ferdinand Gorges, Sir Christoph Blount, Sir Johann Davis, Johann Littleton, und Essex, welcher prahlete, ihm ständen 120 Barons, Ritter, und geringere Edelleute von Bedeutung, zu Geboten; und sich weit mehr auf sein Ansehn bey dem Pöbel verließ, und seinen Mitverbundnen jene geheimen Entwürfe, und Entschlüße mittheilete,

J 2 die

die ihm sein Vertrauen auf eine so mächtige Partey eingegeben hatte. Unter andern sträflichen Entwürfen, als Folgen blinder Wuth und Verzweiflung, berathschlagte er mit ihnen über die Art
die Waffen zu ergreifen; und fragte sie um ihre
Meinung, ob es besser wäre, zuerst den Palast
oder den Tower einzunehmen; oder damit anzufangen, daß er sich auf einmal beider Plätze bemächtigte. Da man das erste Unternehmen vor-
zog, verabredete man die Art es auszuführen. Es
ward ausgemacht, Sir Christoph Blount sollte mit
einem auserlesenen Haufen die Thore des Palastes
besetzen; Davis die Halle einnehmen, Davers das
Wachtzimmer, und den Audienzsaal; und Essex
sollte von der Meuse zu eindringen, nebst einem
Heere seiner Anhänger; er sollte die Königin, mit
aller Bezeugung der Unterthänigkeit bitten, seine
Feinde wegzuschaffen; sie zwingen, ein Parlament
zu versammeln; und mit gemeinschaftlicher Bewilligung einen neuen Regierungsplan festsetzen p).

Indem diese verzweifelten Entwürfe in der
Gährung waren, veranlaßte man bey der Köni-
gin vielen Verdacht; und sie sandte den Robert
Sac-

p) Camden, 630. Birch, 2, 464. State-trials, Bacon, v. 4, 542. L.

Sacville, des Schatzmeisters Sohn nach Essex-
house, unter dem Vorwande eines Besuchs, in
der That aber in der Absicht, zu entdecken, ob er
an diesem Orte einigen Zusammenlauf des Volkes, oder einige ausserordentliche Zurüstungen sähe,
die einen Aufstand zu drohen schienen. Bald nachher erhielt Essex einen Ruf dem geheimen Rathe
beyzuwohnen, der sich in des Schatzmeistershause
versammelte; und da er über diesen Umstand nach-
dachte, und ihn mit Sacvilles neulichem unerwarteten Besuche verglich, ward ihm ein Privatbillet
gebracht, worin man ihn warnte, auf seine Sicherheit bedacht zu seyn. Er schloß daraus, seine
ganze Verschwörung wäre entdeckt, oder man hätte
wenigstens Verdacht geschöpft; und die gelindeste
Strafe, die er erwarten könnte, wäre eine neue
und strengere Gefangenschaft. Er entschuldigte
sich daher bey dem geheimen Rathe mit einer Un-
päßlichkeit; und fertigte sogleich Boten ab an seine
vertrautesten Mitverbundnen, deren Rath und Beystand er in dieser kritischen Lage seiner Sachen verlangte. Sie berathschlagten, ob sie alle ihre Entwürfe sollten fahren lassen, und das Königreich
meiden; oder augenblicklich mit der Macht, die
sie zusammen bringen könnten, den Palast einnehmen; oder sich auf die Liebe der Bürgerschaft ver-

J 3 lassen

laſſen, die überhaupt dem Grafen ſehr geneigt war.
Eſſer erklärte ſich wider das erſtere Mittel, und
bekannte ſeinen Entſchluß, lieber jedes Schickſal
zu ertragen, als das Leben eines Flüchtlings zu
führen. Den Palaſt einzunehmen, das ſchien ohne
mehrere Zurüſtung unmöglich; beſonders da jetzt
die Königin dieſe Entwürfe entdeckt zu haben ſchien,
und, wie ſie hörten, die Vorſicht gebraucht hatte,
ihre gewöhnlichen Wachen zu verdoppeln. Alſo
blieb kein andres Mittel übrig, als ſich an die
Stadt zu halten; und indem man über die Klugheit und Rathſamkeit dieſes Entſchlußes berath-
ſchlagte, kam eine Perſon, die, als wenn ſie den
Auftrag deswegen empfangen hätte, ſie der Zuneigung der Londoner, verſicherte, und daß ſie
auf dieſe Grundfeſte jeden Entwurf ſicher bauen
dürften. Seine Liebe bey dem Volke hatte den Eſſer
vornämlich in allen ſeinen eitlen Unternehmungen
aufgebläher; und thörichterweiſe bildete er ſich ein,
er könnte, ohne andern Beyſtand, als das Wohlwollen des groſſen Haufens, Eliſabeths Regierung
umſtürzen, die doch durch die Zeit befeſtiget, ihrer
Weisheit wegen verehret, durch Muth geſtützet
wurde, und die allgemeinen Geſinnungen der Nation auf ihrer Seite hatte. Der tollkühne Vorſchlag, die Stadt zum Aufruhre zu bringen, ward
ſo-

sogleich beschlossen; die Ausführung bis auf den
folgenden Tag verschoben; und Boten zu allen
Freunden des Grafen gesandt, ihnen zu berichten,
Col ham und Raleigh hätten Entwürfe wider sein
Leben gemacht, und sie um ihre Gegenwart und
ihren Beystand zu bitten.

Am folgenden Tage (am 8ten Febr.) erschie-
nen zu Essex-house die Grafen von Southampton und Rutland, die Lords Sandys und Monteagle, mit mehr als 300 von niederm Adel, die
von gutem Stande und Vermögen waren; und
Essex zeigte ihnen die Gefahr an, denen ihn, wie
er vorgab, die Anstalten seiner Feinde aussetzten.
Zu einigen sagte er, er wollte sich der Königin zu
Füssen werfen, und sie um Gerechtigkeit und Schutz
anflehen: gegen Andre prahlete er mit seinen Verbindungen unter der Bürgerschaft, und versicherte,
diese Hülfe könnte ihm nie entstehn, es möchte
gehn, wie es wollte. Die Königin war von diesen Entwürfen durch eine Anzeige benachrichtiget,
die Sir Ferdinand Gorges, wie man glaubte, davon
an den Raleigh geschickt hatte: und da sie der
londonschen Obrigkeit befohlen hatte, die Bürger
in Bereitschaft zu halten, sandte sie nach Essex-
house den Großsiegelbewahrer, Egerton, den Grafen von Worcester, den Sir Wilhelm Knollys, und

den

den Oberrichter Popham, sich um die Ursache dieser ungewöhnlichen Bewegungen zu erkundigen.
Man ließ sie mit Schwierigkeit durch ein Pfört-
chen hinein; aber alle ihre Bediente, den Beu-
telträger ausgenommen, mußten draussen bleiben.
Nach einigem Wortwechsel, worin sie den Vas-
sallen des Essex bey ihrer Eidespflicht befahlen,
ihre Waffen nieder zu legen; und gegenseitig von
der erboßten Menge, die sie umringte, bedrohet
wurden: beschloß der Graf, weil er sah, die Sache
könnte nicht wieder ins Gleis gebracht werden,
sie als Gefangne in seinem Hause zurück zu lassen,
und zur Ausführung seines ersten Entwurfs zu
schreiten. Er zog aus mit mehr als 200 Beglei-
tern, die nur mit Degen bewaffnet waren; und
da er durch die Stadt zog, stießen der Graf von
Bedford und Lord Cromwel zu ihm. Er rief laut,
zur Königin! zur Königin! es ist ein An-
schlag auf mein Leben gemacht; und zog
darauf nach dem Hause des Sheriffs Smith, auf
dessen Hülfe er grosses Vertrauen setzte. Die Bürger flossen voll Erstaunen um ihn her: allein ob
er ihnen gleich sagte, England wäre dem Infanten
verkauft; und sie ermahnete, sich sogleich zu bewaffnen, weil sie ihm sonst keinen Dienst erzeigen
könnten; so zeigte doch keiner eine Neigung, sich

mit

mit ihm zu vereinigen. Der Sheriff entwischte
bey des Grafen Annäherung, aus der Hinter-
thüre, und nahm den kürzesten Weg zu dem Lord
Mayor. Da Essex mittlerweile den Kaltsinn der
Bürgerschaft bemerkte, und sich von dem Grafen
von Cumberland, und Lord Burleigh als einen
Verräther ausrufen hörte, verzweifelte er an dem
Erfolge, und dachte auf den Rückzug nach seinem
eigenen Hause. Er fand aber die Straßen, wo
er durchziehn wollte, versperrt, und von der Bürgerschaft unter dem Sir Johann Levison besetzt.
Bey dem Versuche sich den Weg zu öffnen, ward
Tracy, ein junger Edelmann, für den er große
Freundschaft hatte, nebst zwey oder drey Londo-
nern getödtet; und der Graf selbst zog sich, von
wenigen seiner Anhänger begleitet, (denn der größte
Theil fing an, sich heimlich zu entfernen,) nach
dem Flusse zurück, nahm ein Bot, und landete
zu Essex-house. Er fand, daß Gorges, den er
vorher hingesandt hatte, um mit dem Großsiegelbewahrer und den andern Räthen zu capituliren,
ihnen allen ihre Freyheit gegeben hatte, und mit
ihnen nach Hofe gegangen war. Nun gerieth er
in Verzweiflung, und schien entschlossen, dem Rathe
des Lord Sandys zu folgen, sich aufs Aeusserste
zu vertheidigen; und lieber wie ein tapfrer Mann

J 5 mit

mit dem Degen in der Hand, als durch die Hand
des Nachrichters zu sterben: Aber nach einigen
mündlichen Unterhandlungen, und nachdem er um-
sonst von den Belagerern, erst Geissel, und darauf
Bedingungen verlangt hatte, ergab er sich auf
Gnade; und bath nur um höfliche Begegnung,
und um aufrichtiges und unpartheyisches Gehör q).

Die Königin, die bey allen diesen Unruhen
sich so ruhig und sicher bezeigt hatte, als wenn
nur eine Schlägerey auf den Straßen gewesen wäre,
die sie gar nicht anginge r), gab bald Befehl zum
Verhöre der angesehnsten Verbrecher. Die Grafen von Essex und Southampton wurden (am 19ten
Febr.) vor ein geschwornes Gericht von 25 Pairs
gestellt, wobey Buckhurst die Stelle des Lord Statthalters vertrat. Die Schuld der Gefangnen war
zu offenbar, als daß sie einigen Zweifel zugelassen
hätte; und ausser daß der Aufstand jedermann
bekannt war, wurden die verrätherischen Berathschlagungen zu Drury-house durch unzweifelhafte
Zeugniße bewiesen. Sir Ferdinand Gorges ward
am Hofe vernommen; die Aussagen des Grafen
von Rutland, der Lords Cromwel, Sandys, und
Mon-

q) Camden, 632.
r) Birch, 2, 469.

Monteagle, Davers, Blount, und Davies, wurden, nach der Gewohnheit dieses Jahrhunderts,
nur den Pairs vorgelesen. Die besten Freunde
von Essex ärgerten sich an seiner Zuversicht, womit er so ausdrücklich auf seine Unschuld, und
die Güte seiner Absichten bestand; und noch mehr
an seiner Rachbegierde, womit er, ohne einige
Scheinursache, den Secretair Cecil als einen Anhänger der Ansprüche des Infanten beschuldigte.
Der Secretair, der diese Beschuldigung erwartet
hatte, eilete an den Hof, und foderte den Essex
auf, seinen Beweis vorzulegen, den man in der
Untersuchung sehr schwach und nichtsbedeutend
fand s). Da das Urtheil gesprochen ward, sprach
Essex wie ein Mensch, der seine Rechnung darauf
gemacht hat, zu sterben: aber er setzte hinzu, es
würde ihn kränken, wenn man ihn der Königin
als einen solchen vorstellte, der ihre Gnade ver-
achtete; ob er gleich nicht, wie er glaubte, die
geringste kriechende Unterwerfung zeigen würde, um
dieselbe zu erlangen. Southamptons Betragen
war sanfter und unterthäniger; er bat die Pairs
um ihre Bemühungen für ihn, auf eine so be-
scheidne und geziemende Art, die bey einem jeden
Mitleiden erregte.

Der

s) Bacon, 4. 530.

Der merkwürdigste Umstand bey dem Verhöre war, daß Bacon wider den Essex auftrat. Er war keiner von den Rechtsgelehrten der Krone; und also nicht Amtswegen verbunden, diesem Verhöre beyzuwohnen: doch machte er sich, um der Königin Gunst zu erlangen, kein Bedenken sich geschäftig zu beweisen, um seinen Freund und Beschützer des Lebens zu berauben, dessen Großmuth er so oft erfahren hatte. Er verglich die Aufführung des Grafen, da er eine Furcht vor den Anfällen seiner Widersacher vorgab, mit jener Handlung des Athentienfers Pisistrat, der sich selbst schnitt und verwundete, indem er das Volk überredete, seine Feinde hätten diese Gewaltthätigkeit begangen, eine Wache für seine Person erhielt, durch deren Beystand er nachher die Freyheiten seines Vaterlands unterdrückte.

Nachdem Essex einige Tage in der Einsamkeit und Betrachtung eines Gefängnißes zugebracht hatte, ward endlich sein stolzes Herz, nicht durch die Furcht des Todes, sondern durch die Empfindungen der Religion bezwungen; eine Triebfeder, die er vorher zu einem Werkzeuge seiner Ehrsucht zu machen versucht hatte, die sich aber itzt weit fester in seine Seele setzte, und die itzt jeden andern Beweggrund, und jede andre Betrachtungen überwog.

wog. Seine Seelsorger überredeten ihn, er könnte nie die Begnadigung des Himmels erlangen, wenn er nicht seinen Ungehorsam völlig gestände, und er gab dem geheimen Rathe eine Erzählung aller seiner sträflichsten Entwürfe, und seinen Briefwechsel mit dem Könige von Schottland. Er schonete auch nicht seiner vertrautesten Freunde, als des Lord Mountjoy, den er in diese Verschwörungen verwickelt hatte; und suchte seine gegenwärtigen Gewissensbisse durch solche Genugthuungen zu lindern, die er in jedem andern Zeitraume seines Lebens für tadelhafter würde gehalten haben, als jene Unternehmungen selbst wofür er jetzt büßete t). Besonders beschuldigte er den Sir Harry Nevil, einen Mann von Verdienst, eines Briefwechsels mit den Zusammenverschwornen; obgleich es offenbar ist, daß dieser Edelmann nie in die ihm geschehnen Anträge gewilliget, und nichts weiter verbrochen hatte, als daß er des Grafen Verrätherey nicht entdeckte; ein Geschäft wogegen jeder ehrliebende Mann natürlicherweise den stärksten Widerwillen fühlet u). Nevil ward ins Gefängniß geworfen, und stand eine harte Verfolgung aus:

weil

t) Windwood. 1, 300.

u) ib, 302.

weil aber die Königin an dem Mountjoy einen
sehr geschickten und glücklichen Feldherrn hatte, ließ
sie ihm in seiner Befehlshaberschaft, und opferte
ihre Rache dem Dienste des Vaterlandes auf.

Elisabeth strebte sehr nach dem Ruhme der
Gnade; und bey jeder großen Strenge, die sie
während ihrer Regierung hatte ausüben müssen,
hatte sie immer starkes Widerstreben und große
Bedenklichkeit geäussert: Aber des Essex gegenwär-
tiger Zustand bot alle ihre zärtliche Zuneigung auf,
und hielt sie in der unverstelltesten Unruhe und Un-
entschlossenheit. Sie fühlte einen immerwährenden
Kampf zwischen Haß und Zuneigung, Stolz und
Mitleid, Sorge für ihre Sicherheit und Bekümmerniß um ihren Liebling; und ihr Zustand in
dieser Zwischenzeit war vielleicht mehr ein Gegenstand des Mitleidens, als der, in dem Essex selbst
versetzt war. Sie unterzeichnete den Befehl zu
seiner Hinrichtung; sie widerrief ihn; sie beschloß
wieder seinen Tod; sie fühlte eine neue Zurückkehre
ihrer Zärtlichkeit. Seine Feinde sagten ihr, er
wünschte selbst zu sterben; und hätte versichert,
sie könnte nie sicher seyn, so lang er lebte: Es
ist wahrscheinlich, daß dieser Beweis seiner Reue
und Sorgfalt für sie, eine entgegengesetzte Wirkung wider die Absicht jener haben, und alle die
zärt-

zärtliche Neigung wiederbeleben mochte, die sie diesem unglücklichen Gefangnen so lange gegönnet
hatte. Hauptsächlich aber verhärtete sich ihr Herz
gegen ihn, wegen der Hartnäckigkeit, die sie bey
ihm vermuthete, weil er nie, wie sie stündlich erwartete, bey ihr um Gnade und Vergebung an-
hielt: und sie gab endlich ihre Einwilligung zu
seiner Hinrichtung. Er zeigte bey seinem Tode
vielmehr Zeichen der Reue und Frömmigkeit, als
der Furcht; und erkannte willig die Gerechtigkeit
des Urtheils, nach dem er gerichtet ward. Die
Hinrichtung geschah, (am 25sten Febr.) seinem
Verlangen gemäß, in Geheim im Tower. Er besorgte, sagte er, die Gunst und das Mitleiden
des Volks möchte sein Herz zusehr in den Augen-
blicken erheben, wo Erniedrigung unter die züch-
tigende Hand des Himmels die einzige geziemende
Empfindung wäre, der er nachhängen dürfte x).
Und die Königin dachte ohne Zweifel, die Klugheit
riethe zur Entfernung eines so trauervollen Schau-
spiels von den Augen des Publicums. Sir Wal-
ther Raleigh, der mit Absicht in den Tower kam,
und dieser Hinrichtung durch ein Fenster zusah,

der-

---

x) Dr. Batlow's sermon on Effex's execution. Bacon, v. 4, 534.

vergrösserte durch diese Handlung den allgemeinen Haß, der ihn schon drückte: denn man dachte, er hätte keine andre Absicht, als seine Augen an dem Tode seines Feindes zu weiden; und das Publicum nahm keine Entschuldigung an, die er für eine so tadelnswerthe Aufführung machen mochte. Die Grausamkeit und Erbitterung, womit er auf den Tod des Grafen drang, selbst da Cecil nachließ y), wurden immer als Gründe seines unmännlichen und unedlen Betragens angesehn.

Der Graf von Essex war nur 34 Jahre alt, da seine Uebereilung, Unvorsichtigkeit und Heftigkeit ihn zu diesem frühzeitigen Ende brachten. Wir müssen hier, wie in vielen andern Fällen, die Unbeständigkeit der menschlichen Natur beseufzen, daß ein Mann, der mit so vielen edlen Tugenden, mit Großmuth, Aufrichtigkeit, Freundschaft, Tapferkeit, Beredsamkeit und Arbeitsamkeit begabet war, in dem letzten Zeitraume seines Lebens seinen unbändigen Leidenschaften so sehr den Zügel schießen ließ, daß er nicht nur sich selbst, sondern auch viele seiner Freunde in das äufserste Verderben stürzte. Der Königin Zärtlichkeit und Leidenschaft gegen ihn, als die Ursache der zu früh-

zeiti-

---

y) Murden, 811.

zeitigen Ehrenstellen, die er erhielte, scheint im Ganzen der Hauptumstand gewesen zu seyn, der seinen Untergang verursachte. Voll Vertrauen sowohl auf ihre Parteylichkeit gegen sich, als auf
sein eignes Verdienst, begegnete er ihr mit einem
Stolze, den weder ihre Liebe, noch ihre Würde
ertragen konnte; und da ihre verliebte Neigungen in einem so hohen Alter, sie natürlicherweise
in seinen Augen lächerlich, wo nicht verhaßt machen mußten; ließ er sich durch eine unvorsichtige
Offenherzigkeit, die so sehr seine Sache war, ver-
leiten, sich diese Gesinnungen gegen sie gar zu leicht
merken zu lassen. Die vielen Versöhnungen, und
Wiederschenkungen ihrer Liebe, deren er sich immer
zu seinem Vortheil bedient hatte, verführten ihn,
immer neue Versuche auf sie zu wagen, bis er
sie über alle Gränzen ihrer Geduld trieb; und
vergaß, daß, obgleich die Empfindung eines Frauen-
zimmers immer stark bey ihr waren, doch am
Ende die Empfindungen einer Monarchin ihre
Obermacht zeigten.

Einige seiner Mitverbundnen, Cuffe, Davers,
Blount, Meric, und Davis wurden verhöret und
verurtheilt; und alle, den Davis ausgenommen,
hingerichtet. Die Königin begnadigte die Uebrigen; weil sie überzeugt war, sie hätten sich bloß

Hume Gesch. XII. B.　　　　R　　　　durch

durch Ihre Freundschaft gegen diesen Edelmann,
und durch ihre Sorge für seine Sicherheit hin-
reissen lassen; und die sträflichere Seite seiner Absichten gar nicht gekannt. Sonthamptons Leben
ward mit grosser Schwierigkeit geschonet; er blieb
aber während dieser ganzen Regierung im Gefängniße.

Der König von Schottland sandte, aus Besorgniß, sein Briefwechsel mit Essex möchte entdeckt seyn, und Elisabeth beleidiget haben, den
Grafen von Marre, und Laird Kinloß als Gesandte nach England, um der Königin Glück zu
wünschen, daß sie dem neulichen Aufstande, und
der Verschwörung entronnen wäre. Sie hatten
auch Befehl, zu forschen, ob sie einige Maaßregeln genommen hätte, ihn von der Thronfolge aus-
zuschliessen; und die Neigungen des vornehmsten
Adels und der Räthe, im Falle des Absterbens
der Königin auszuforschen z). Sie fanden die
Gesinnungen dieser Männer so günstig, als sie
wünschen konnten; und fingen sogar einen Briefwechsel mit dem Secretair Cecil an, dessen Einfluß nach dem Falle des Grafen von Essex unbe-
gränzt

z) Birch, 2, 510.

gränzt war a); und der sich entschlossen hatte,
durch diese Staatsklugheit bey Zeiten das Vertrauen
des Thronfolgers zu erwerben. Er wußte, wie
eifersüchtig Elisabeth immer auf ihr Ansehn war;
und verheelete daher sorgfältig vor ihr seine Ergebenheit gegen Jakob: aber er behauptete nachher, nichts könnte für sie vortheilhafter seyn, als
dieser Briefwechsel; weil der König von Schottland, der durch sein unzweifelhaftes Recht der
Thronbesteigung sicher wäre, durch diese Verbindung mit dem englischen Ministerium unterstützt
würde, und es destoweniger wahrscheinlich wäre,
daß er der jetztlebenden Monarchin einige Unruhe
verursachen könnte. Er überredete auch diesen
Fürsten, immer in Ruhe zu bleiben, und gedül-
dig zu erwarten, daß die Zeit ihm diese Thronerb-
schaft eröffnete; ohne seine Freunde zu verzweifelten Unternehmungen zu treiben, wodurch dieselben
ganz unfähig seyn würden, ihm zu dienen. Den
Jakob machte sowohl seine Billigkeit, als seine
natürliche Lenkbarkeit geneigt, diesen Entschluß zu
fassen b); und so wurden die Herzen der Engländer in der Stille, aber doch allgemein geneigt ge-

K 2   macht,

a) Osborne, 615.
b) Spotswood, 471, f.

macht, die Thronfolge der schottischen Linie ohne Widerspruch zuzugeben; und der Tod des Grafen von Essex war dadurch, daß er dem Parteygeiste ein Ende gemacht hatte, dieser grossen Begebenheit mehr günstig, als nachtheilig gewesen.

Der König von Frankreich, der für Jakob wenig eingenommen, und der Vereinigung Englands und Schottlands abgeneigt war c), ließ durch seinen Gesandten gegen Cecil etwas von seiner Bereitwilligkeit merken, jede Maaßregel befördern zu helfen, um die Hoffnungen des schottischen Monarchen zu vereiteln: da aber Cecil ein völliges Mißfallen an solchen Entwürfen zeigte; that der französische Hof keinen Schritt weiter in dieser Sache; und so ward die einzige fremde Macht, die Jakobs Thronfolge am meisten stören konnte, genöthiget, sich zu beruhigen d). Heinrich that in diesem Sommer eine Reise nach Calais; und da die Königin seine Absichten erfuhr, ging sie nach Dover, in Hoffnung, eine persönliche Zusammenkunft mit einem Monarchen zu halten, den sie unter allen am meisten liebte und ehrte. Der französische König, der dieselbe Ge-

fin-

c) Winwood, I, 352.]
d) Spotswood. 471.

sinnung gegen sie fühlte, würde den Antrag freu-
dig angenommen haben; da sich aber viele Schwierigkeiten zeigten, schien es nothwendig, mit gemeinschaftlicher Bewilligung den Entwurf einer Zusammenkunft aufzugeben. Indessen schrieb Elisabeth zween Briefe nach einander an Heinrichen,
den einen durch Ebmundes, den andern durch Sir
Robert Sydney; worin sie ein Verlangen äusserte,
ein Geschäfft von Wichtigkeit mit einem gewissen
Minister zu überlegen, auf dem Heinrich völliges
Vertrauen setzte. Der Marquis von Rhoni, des
Königs Liebling und erster Minister, kam verklei-
det nach Dover; und die Staatsnachrichten dieses geschickten Ministers enthalten eine völlige Nachricht von seiner Unterredung mit Elisabeth. Diese
großmüthige Fürstin hatte einen Entwurf gemacht,
in Verbindung mit Heinrichen, ein neues Gebäude
der Staatskunst in Europa aufzurichten, und ein
dauerhaftes Gleichgewicht festzustellen durch die
Aufrichtung neuer Staaten auf den Trümmern des
Hauses Oesterreich. Sie hatte auch die Weisheit,
die Gefahren vorauszusehn, die aus der Vergröf-
serung ihres Bundesgenossen entstehn könnten; und
sie schlug vor, alle siebenzehn Provinzen der Niederlande in einen Freystaat zu vereinigen, um eine
beständige Vormauer, so wohl wider den gefähr-

K 3   lichen

l'chen Anwachs der franzöſiſchen, als der ſpaniſchen Monarchie zu haben. Heinrich hatte ſelbſt lange auf einen ſolchen Entwurf wider das öſterreichiſche Haus geſonnen; und Rhoni konnte ſich nicht enthalten, ſein Erſtaunen zu äuſſern, da er fand, daß Eliſabeth und ſein Herr, ob ſie gleich nie einander ihre Gedanken über dieſe Sache mitgetheilet hatten, nicht nur auf dieſelben allgemeinen Abſichten gefallen waren, ſondern auch denſelben Entwurf zur Ausführung derſelben gemacht hatten. Indeſſen waren die franzöſiſchen Angelegenheiten noch nicht in eine Lage gebracht, die Heinrichen vermögend gemacht hätte, dieſes groſſe Unternehmen anzufangen; und Rhoni, befriedigte die Königin damit, daß ſie nothwendig ihren vereinigten Angriff des Hauſes Oeſterreich noch einige Jahre zurück ſetzen müßten. Er verließ ſie, voll gerechter Bewundrung ihres gründlichen Urtheils und der Gröſſe ihrer Seele; und erkannte, ſie wäre völlig des hohen Ruhmes werth, den ſie in Europa hätte.

Die Seelengröſſe der Königin in der Erfindung ſolcher weiten Entwürfe war deſto merkwürdiger, da auſſerdem, daß ihr Leben ſehr auf die Neige ging, die irländiſchen Angelegenheiten, ob

ſie

sie gleich mit Geschicklichkeit und Glücke geführt
wurden, doch noch immer in Unordnung waren,
und ihre Macht sehr zertheilten. Die Kosten, die
sie sich durch diesen Krieg machte, wurden ihr
sehr schwer, bey ihrem geringen Einkommen, und
ihre Minister, die sich ihre grosse Neigung zur
Sparsamkeit zu Nutze machten, schlugen ihr ein
Mittel zur Sparsamkeit vor, daß sie zuletzt, ob
sie es gleich anfangs mißbilligte, zu ergreifen genöthiget war. Man stellete ihr vor, die grossen
Geldsummen, die sie nach Irland zur Besoldung
der englischen Kriegsvölker hinübersendete, kämen
durch den nothwendigen Umlauf in die Hände der
Empörer, und setzten sie in den Stand, auswär-
tig alle nöthige Waffen und Kriegsbedürfnisse zu
kaufen, zu deren Anschaffung sie, wegen der
höchsten Armuth dieses Königreichs, und wegen
seines Mangels an jeder nützlichen Bequemlichkeit,
sonst keine Mittel in Händen hätten. Man schlug
ihr daher vor, sie sollte ihre Kriegsvölker in ge-
ringhaltiger Münze besolden; und man behauptete, daß ausser der grossen Ersparung ihrer Einkünfte, diese Münzsorten nie mit Vortheil könnten aus dem Lande gebracht, und in keinem auswärtigen Handelsplatze gebraucht werden. Einige
der weisern Räthe behaupteten, wenn die Besol-

K. 4   dung

dung der Soldaten verhältnißweise erhöhet würde,
daß die irländischen Empörer nothwendig aus
diesem schlechten Gelde denselben Vortheil ziehn
würden, da man es allemahl nach Verhältniß
des Preises zu dem Werthe nehmen würde: würde
der Sold nicht erhöhet, so liefe man die Gefahr einer Meuterey unter den Soldaten, die ungeachtet
der Benennungen, die man auf diese Stücke Me-
tall prägen könnte, bald aus Erfahrung lernen
würden, daß sie in ihrer Einnahme betrogen wären e). Aber obgleich Elisabeth sich über die
Festhaltung des englischen Münzfusses, der von
ihren Vorgängern sehr war herabgesetzt worden,
viel wußte, und sehr wenige Neuerung in diesem bedenklichen Puncte gemacht hatte: so ließ
sie sich doch durch die scheinbaren Gründe des
Großschatzmeisters bey dieser Gelegenheit verführen, eine grosse Menge geringhaltigen Geldes zu
schlagen, dessen sie sich zur Besoldung ihrer Völker in Irland bediente. f).

Der Statthalter Mountjoy war von grosser
Geschicklichkeit; und da er die Gefahr der Meuterey unter den Soldaten voraussah, führte er

sie

e) Camden, 613.
f) Rymer, 16, 414.

ſie ſogleich ins Feld; und beſchloß, durch genaue
Kriegszucht, und dadurch, daß er ihnen mit dem
Feinde zu thun machte, jenen Nachtheilen vorzubeu-
gen, die er mit Recht fürchtete. Er machte neue
Heerſtraßen, und bauete eine Schanze bey Mog-
hery; er trieb die Mac-Remiſes aus Becale; er
beunruhigte Tyrone in Ulſter mit Einfällen und
kleinern Unternehmungen; und indem er überall
und zu allen Jahrszeiten die Lebensmittel der
Irländer verderbte, zwang er ſie, in den Wäldern
und Moräſten, wohin ſie vor ihm geflüchtet waren,
Hungers zu ſterben. Zu eben der Zeit nahm Sir
Heinrich Docwray, der einen andern Haufen
anführte, das Schloß Derry weg, und legte
Beſatzungen in Newton und Ainogh; und da er ſich
des Kloſters Donnegal bey Balishanon bemächtigt
hatte, legte er Soldaten hinein, und vertheidigte
es wider die Angriffe O'Donnels, und der Irländer.
Auch war Sir Georg Carew in Munſter nicht müßig.
Er bemächtigte ſich des Titulargrafen von Desmont, und ſandte ihn, mit Florenz Macar,
einem andern Hauptmanne, gefangen nach
England. Er zog viele verdächtige Perſonen ein,
und nahm von andern Geiſſel. Und da er eine
Verſtärkung von 2000 Mann aus England erhalten
hatte, warf er ſich in Corke, das er mit Waffen,

und

und Lebensmitteln verſah; und ſetzte alles in den
Stand, ſich der ſpaniſchen Landung zu widerſetzen,
die man täglich erwartete.   Da der Statthalter
von der Gefahr benachrichtiget ward, der die ſüd-
lichen Provinzen ausgeſetzt waren,   hob er den
Krieg wider Tyrone auf, den er ſchon faſt auf das
Aeußerſte getrieben hatte; und rückte mit ſeiner
Armee nach Munſter.

Endlich kamen die Spanier unter Don Juan
D'Aquila, zu Kingſale (am 23ten September) an;
und Sir Richard Piercy, der in der Stadt eine
kleine Beſatzung von 150 Mann unter ſich hatte,
ſah ſich genöthiget, bey ihrem Anblicke die Stadt zu
verlaſſen.   Die Feinde waren an 4000 Mann ſtark;
und die Irländer zeigten ein großes Verlangen,
ſich mit ihnen zu vereinigen,   um ſich von der
engliſchen Regierung zu befreyen, womit ſie äußerſt
unzufrieden waren.   Ein Hauptgrund ihrer Klagen war die Einführung der Verhöre vor einem
geſchwornen Gerichte ; g) eine Anſtalt, die dieſe
barbariſche Nation verabſcheuete, obgleich nichts
mehr zur Erhaltung jener Billigkeit und Freyheit
beyträgt, weswegen die engliſchen Geſetze mit
Rechte ſo berühmt ſind.   Die Irländer waren auch
dar-

g) Camden, 544.

darum den Spaniern sehr geneigt, weil sie die
Meinung hegten, sie stammeten selbst von dieser
Nation ab; und ihre Anhänglichkeit an den
katholischen Glauben ward eine neue Ursache ihrer
Liebe gegen diese Feinde. D'Aquila gab sich den
Titel eines Feldherrn in dem heiligen Kriege zur
Erhaltung des Glaubens in Irland, und suchte
das Volk zu bereden, die Königin Elisabeth wäre
durch verschiedne Bullen des Papstes ihrer Krone
beraubt; ihre Unterthanen wären von ihren Eiden
und Pflichten losgesprochen; und die Spanier
gekommen, um die Irländer von der Macht des
Teufels zu erlösen. h) Mountjoy fand es nothwendig, sich muthig zu verhalten, um einen
völligen Aufstand der Irländer zu verhüten; und
da er seine Völker versammlet hatte, fieng er die
Belagerung von Kingsale zu Lande an; indem Sir
Richard Levison es mit einem kleinen Geschwader von der Seeseite einschloß. Er hatte kaum
seine Unternehmung angefangen, da er die Landung
eines andern Heeres von 2000 Spaniern unter
Alfons Ocampo erfuhr, die Baltimore und Bere-
haven in Besitz genommen hätten; und er sah sich
genöthiget, den Sir Georg Carew zu detaschiren,
da-

h) Camden, 645.

damit er ſich ihrem Fortgange widerſetzte. Mitler-
weile waren Tyrone, Randal, Mac-Surley, Tirel
Baron von Kelley, und andre Hauptleute der
Irländer, mit allen ihren Völkern zu dem Ocampo
geſtoſſen, und zur Befreyung von Kingſale angerückt.
Der Statthalter, der durch aufgefangne Briefe
von ihrem Entwurfe Nachricht hatte, rüſtete ſich,
ſie zu empfangen; und da Leviſon mit 600 Seeſol-
daten zu ihm ſtieß, ſtellete er ſeine Völker auf einen
vortheilhaften Grund, der auf ihrem Durchzuge
lag, und ließ einige Reuterey zurück, um einen
Ausfall des D'Aquila und der ſpaniſchen Beſatzung
zu verhüten. Da Tyrone mit einem Heere Irländer und Spanier anrückte, erſtaunete er, die
Engländer ſo wohl geſtellet, und in ſo guter
Ordnung zu finden; und ließ ſogleich zum Abzuge
blaſen: Aber der Statthalter befahl, ihm nachzu-
ſetzen; und da er dieſe angerückten Völker in Unordnung gebracht hatte, folgte er ihnen bis zur
Hauptarmee, die er auch angriff, und in die Flucht
jagte, nachdem er 1200 Mann niedergemacht
hatte. i). Ocampo ward gefangen genommen,
Tyrone floh nach Ulſter; O'Donnel flüchtete nach
Spanien; und D'Aquila fand ſich in die größeſte
Ver-

i) Winwood; 1, 369.

Verlegenheit versetzt, und war gezwungen, sich auf
solche Bedingungen zu ergeben, als der Statthalter
ihm vorschrieb; er übergab Kingsale und Baltimore, und ließ sich gefallen das Königreich zu
räumen. Dieser gewaltige Streich, nebst andern
Siegen, die Wilmot, Commendant von Kerry,
Roger, und Gavin Harvey gewannen, setzten die
Empörer in Angst, und gaben Hoffnung zur endlichen Unterwerfung dieses Königreichs.

So glücklich der irländische Krieg war, so fiel
er doch den Einkünften der Königin höchst beschwer-
lich; und außer den Beysteuern, die das Parlament
bewilligte, die in der That sehr geringe waren,
und von ihnen doch als ansehnliche Bewilligungen
betrachtet wurden, hatte sie sich gezwungen gesehn,
ungeachtet ihrer großen Sparsamkeit, andre Hülfs-
mittel zu gebrauchen, z. B. die königlichen Tafel-
güter und Kronjuwelen zu verkaufen, k) und Darlehne von dem Volke zu erpressen, l) um diese
Sache zu unterstützen, die für die Ehre und Vortheile Englands so wesentlich war. Die Noth ihrer
Angelegenheiten zwang sie wieder ein Parlament
(am 27ten October) zu berufen; und hier zeigte es
sich,

k) D'Ewes, 629.
l) ib.

sich, daß, obgleich das Alter sie ereilt hatte, obgleich
sie durch die unglückliche Hinrichtung des Grafen
von Essex von ihres Volks Liebe vieles verlohren
hatte, sogar daß ihr, wann sie öffentlich erschien,
nicht das gewöhnliche Freudengeschrey folgte, m)
dennoch die Macht ihres Vorrechtes, von ihrem
Muthe unterstützt, noch eben so hoch und uneingeschränkt blieb, als jemals.

Elisabeths wirksame Regierung hatte viele
vermögend gemacht, sich in Staats- und Kriegs-
bedienungen zu unterscheiden; und die Königin, die
von ihren Privateinkünften ihnen keine Belohnungen geben konnte, die ihren Diensten wären angemessen gewesen, hatte sich eines Hülfsmittels
bedient, das ihre Vorgänger gebraucht, aber nie
so sehr weit getrieben hatten, als unter ihrer Regierung geschah. Sie gab ihren Bedienten und
Hofleuten Patente zu Monopolien; und diese verkauften ihre Patente an andre, die dadurch vermögend waren, den Preis der Waaren so hoch zu
steigern, als ihnen beliebte, und daher allem Handel, aller Arbeitsamkeit, und aller Nacheiferung,
unüberwindlichen Zwang anthaten. Es ist erstaunlich, die Anzahl und Wichtigkeit der Waaren zu
be-

m) ib. 602. Osborne, 604.

betrachten, die auf solche Art durch Patente ein-
zelner Personen angewiesen waren.   Korinthen,
Salz, Eisen, Pulver, Karten, Kalbleder, Pelzwerk,
Seegeltücher, Rinderknochen, Thran, Schnüre,
Potasche, Anies, Weineßig, Kohlen, Stahl,
Aquavit, Bürsten, Töpfe, Bouteillen, Salpeter,
Bley, Fibeln, Oel, Galmey, Seehundsfett, Glas,
Papier, Stärke, Zinn, Schwefel, neue Stoffe,
Bücklinge, die Ausfuhr des eisernen Geschützes,
des Bieres, des Hornes, des Leders, die Einfuhr
spanischer Wolle, und irländischen Garns; das ist
nur ein Theil der Waaren, die den Monopolisten
überlassen wurden. n)   Da dieses Verzeichniß in
dem Hause durchgelesen ward, rief ein Mitglied
aus: Ist nicht Brodt mit darunter? Brodt?
sagte ein jeder mit Erstaunen: Ja ich versichre
euch, wenn die Sache so verhältnißweise fort-
geht, so werden wir in dem nächsten Parlamente das Brodt mit unter die Monopolien
Waaren gesetzt sehn. o)   Diese Monopolisten
waren so ausschweifend in ihren Foderungen, daß
sie an einigen Orten das Maas Salz von sechszehn
Pfennigen zu vierzehn oder funfzehn Schillingen
stei-

n) D'Ewes, 648. 650. 652.
o) ib. 648.

steigerten. p) So hohe Gewinne veranlasseten natürlicherweise einen Schleichhandel : die Monopolisten waren daher, um sich wider Eingriffe zu sichern, mit hoher und willführlicher Gewalt von dem geheimen Rathe versehn, wodurch sie vermögend waren, das Volk nach Belieben zu drücken, und von denen Geld einzutreiben, die sie anzuklagen gut fanden, als wenn sie den Patenten Eingriff gethan hätten. q) Die Salpetermonopolisten hatten Macht, in jedes Haus zu gehn, und nach Gefallen die Mauren in Ställen, Kellern, oder wo sie nur vermutheten, daß sich Salpeter angesetzt hatte, zu verderben : von denen aber, die sich von diesem Schaden oder dieser Unruhe zu befreyen wünschten, erpresseten sie Geld. r) Und indem also aller einheimische Verkehr gehemmet war, damit keine Ursache zum Fleiße übrig bliebe ; so war fast jeder Zweig des auswärtigen Handels an ausschliessende Gesellschaften gebunden, die um solche Preise kauften und verkauften, die sie selbst zu bieten, oder zu fodern gut fanden.

Die-

p) ib. 647.

q) ib. 644. 646. 652.

r) ib. 653.

Diese Beschwerden, die für das Gegenwärtige
die unerträglichsten, und in ihren Folgen die ver-
derblichsten waren, wovon man in keinem Jahrhunderte und unter keiner Regierung etwas gewußt
hatte, waren in dem letzten Parlamente vorgetragen, und auch der Königin eine Bittschrift übergeben worden, worin man sich über die Patente
beklagte; sie aber blieb immer bey der Vertheidigung ihrer Monopolisten gegen das Volk. Jetzt
ward eine Bill zur Abstellung aller dieser Monopolien ins Unterhaus gebracht; und weil die letzte
Vorstellung nichts gefruchtet hatte, drang man auf
ein Gesetz, als das einzige sichre Mittel, diesen
Mißbräuchen abzuhelfen. Hingegen behaupteten
die Hofleute, diese Sache betreffe das königliche
Vorrecht, und die Gemeinen dürften nie einen guten
Erfolg hoffen, wenn sie ihre Vorstellung nicht auf
die demüthigste und ehrerbietigste Art, der Güte
und Wohlthätigkeit der Königin anheimstellten.
Die Gründe, die man in dem Hause vorbrachte,
und die sowohl von den Hofleuten als Landüblichen
kamen, und von beiden genehmiget wurden, werden
denen höchst außerordentlich scheinen, die von dem
Begriffe der Vorrechte eingenommen sind, deren
das Volk in diesem Jahrhunderte genießt, und nicht
wissen, welche Freyheit es unter Elisabeths

Regierung hatte. Man behauptete, der Königin
Erbrecht wäre sowohl eine erweiternde als einschränkende Macht: durch ihr Vorrecht könnte sie
frey geben, was durch Gesetze oder auf andre Art
eingeschränkt wäre, und durch ihr Vorrecht könnte
sie einschränken, was sonst frey wäre: s) Das
königliche Vorrecht könnte weder untersucht noch
bestritten werden, t) und litte auch keine Einschränkung: u) Unumschränkte Fürsten, wie die
englischen Monarchen, wären eine Art von Gottheit: v) Es wäre vergebens, die Hände der
Königin durch Gesetze oder Verordnungen binden zu
wollen; weil sie sich, durch ihre lossprechende
Macht, nach Belieben lösen könnte: x) Wenn auch
einem Gesetze eine Clausel angehängt würde, die ihr
die lossprechende Macht benehme; so könnte sie
zuerst die Clausel wegnehmen, und dann auch das
Gesetz aufheben. y) Nach allen diesen Reden, die
eines türkischen Divans würdiger waren, als eines
engli-

---

s) D'Ewes, 644. 675.

t) ib. 644. 649.

u) ib. 646. 654.

v) ib. 649.

x) ib.

y) ib. 640. 646.

englischen Hauſes der Gemeinen, nach unſern
jetzigen Begriffen von dieſer Verſammlung, ließ die
Königin, die wohl merkte, wie verhaßt die Monopolien geworden wären, und welche Erbitterungen
dadurch wahrſcheinlicherweiſe entſtehn könnten, den
Sprecher holen, und verlangte, er möchte dem
Hauſe hinterbringen, ſie wollte ſogleich die Patente,
die dem Volke am meiſten kränkend und beſchwerlich
wären, vernichten. z)

L 2   Das

z) Es wird nicht unnütz ſeyn, einige Stellen dieſer Reden anzuführen; weil ſie uns ſehr helfen können, und
einen rechten Begriff von der Regierungsart dieſes
Jahrhunderts, und von den Staatsgrundſätzen zu machen, die unter Eliſabeth herrſchten. Mr. Lorenz Hyde
gab eine Bill ein, unter dem Titel: Akte zur Erklärung des gemeinen Landrechts, in gewiſſen Fällen bey
dem Patenten. Mr. Spicer ſagte, dieſe Bill greift
das königliche Vorrecht an, das, wie ich in dem neulichen Parlamente erfuhr, ſo überwiegend iſt, daß des
Unterthanen — ſich daran nicht wagen darf. Ferne
ſey es alſo von mir, daß der Stand und das Vorrecht
der Monarchin durch mich, oder durch die Akte irgend
eines Unterthanen ſollte eingeſchränkt werden. Mr.
Franz Bacon ſagte, das königliche Vorrecht der Monarchin habe ich für mein Theil allezeit eingeräumet;
und

Das Haus ward über dieses außerordentliche Beyspiel der Gütigkeit und Herablassung der Königin, von Erstaunen, Bewunderung und Dankbarkeit gerührt. Ein Mitglied sagte, mit Thränen in den Augen, wäre ein Urtheil zu seiner ewi-

und es ist so beschaffen, daß ich hoffe, es werde ihr nie abgesprochen werden. Da die Königin unsre Monarchin ist, so hat sie zugleich eine erweiterude und einschränkende Macht. Denn durch ihr Vorrecht kann sie Dinge frey geben, die durch das Gesetz oder auf andre Art eingeschränkt sind; und zum andern durch ihr Vorrecht Dinge einschränken, die frey waren. Zuerst kann sie ein non obstante wider die Strafgesetze bewilligen. Was die Monopolien, und dergleichen Fälle betrift, so ist es immer Sitte gewesen, sich gegen Ihre Majestät zu demüthigen, und bittlich anzusuchen, daß sie unsern Beschwerden abhelfe; besonders wenn das Gegenmittel ihr Vorrecht so nahe angeht. Ich sage und sage es noch einmal, wir müssen Ihrer Majestät Vorrecht nicht bestimmen, noch beurtheilen, noch uns darein mischen. Ich wünsche daher, daß ein jeder bey dieser Sache sorgfältig sey. Dr. Bennet sagte, Wer sich befaßt, über Ihrer Majestät Vorrecht zu streiten, der muß nothwendig behutsam wandeln. Mr. Lorenz Hyde sagte: Die Bill selbst machte ich, und ich glaube, ich verstehe sie: Aber ferne sey es von die-

ewigen Glückseligkeit ausgesprochen worden, so
hätte er nie mehr Freude fühlen können, als
die, die ihn jetzt überwältigte. a)   Ein andrer
bemerkte, diese Botschaft von der geheiligten
Person der Königin wäre eine Art von Evangelium

L 3   oder

diesem meinem Herzen zu denken, von dieser Zunge, zu
sprechen, oder von dieser Hand zu schreiben, zum Nachtheile oder zur Verkleinerung des königlichen Vorrechts
Ihrer Majestät, und des Staates.   Herr Sprecher,
sagte Serjeant Harris, so viel ich sehe, will das Haus
diese Bill zu einer Bittschrift gemacht wissen.   Ich
muß also mit mehr Erniedrigung anfangen. Und gewiß, Sir, die Bill ist an sich selbst gut, aber die Schreibart derselben ist ein wenig aus der Mode. Mr. Montague sagte, die Sache ist gut und rechtschaffen, und
ich billige diese Art, durch eine Bill zu verfahren, in
dieser Sache gnug.   Die Beschwerden sind groß, und
ich wollte Ihnen nur so viel anzeigen, daß wir bey dem
letzten Parlamente auch bittlich verfahren, und daß
dieses keinen glücklichern Erfolg hatte.   Mr. Franz
More sagte: Ich weiß, das Vorrecht der Königin ist
durchaus eine kitzliche Sache, um sich damit abzugeben;
doch sind nicht alle Beschwerden miteinander zu vergleichen.   Ich kann nicht mit meiner Zunge ausspre-
chen, noch im Herzen ausdenken die großen Kränkungen, welche die Stadt und Landschaft, bey ich diene,

von

oder froher Zeitung, und mußte als eine solche
angenommen, und auf die Tafeln ihres Herzens
geschrieben werden. b) Und man bemerkte
ferner, gleichwie die Gottheit ihren Ruhm
keinem andern geben würde, so wäre die Königin
die

von einigen dieser Monopollen leiden. Diese bringen
den Hauptgewinn in die Hände eines einzigen; und
das Ende von allem diesen sind Dürftigkeit und Bande
für die Unterthanen. Wir haben ein Gesetz für die
ächte und aufrichtige Bereitung des Leders: ein gewisses Patent aber macht, ungeachtet dieser Verordnung, alles frey. Und zu welchem Ende sollte man etwas
durch eine Parlamentsakte thun, wenn die Königin
eben dasselbe durch ihr Vorrecht umstoßen will: mit
aller Erniedrigung, sage ich es, Herr Sprecher, keine
von den Akten Ihrer Majestät ist derselben verkleiner-
licher gewesen, oder den Unterthanen verhaßter, oder
dem gemeinen Wesen gefährlicher, als die Bewilligung
dieser Monopollen. Mr. Martin sagte: Ich rede für
eine Stadt, die sich kränket und quälet, für ein Land,
das seufzet und schmachtet unter der Last ungeheurer
und gewissenloser Unterbedienten der Monopollisten
über Stärke, Zinn, Fische, Oel, Weinessig, Salz, und
ich weiß nicht was sie alles haben, ja, was sie nicht
haben? Die vornehmsten Waaren meiner Stadt und
Landschaft haben diese Blutigel des gemeinen Wesens
an

die einzige wirkende Ursache des Wohlstandes und
der Glückseligkeit ihres Volks c). Das Haus beschloß, der Sprecher sollte, mit einer gewissen Anzahl Mitglieder, Erlaubniß suchen, Ihrer Majestät
£ 4

an sich gezogen. Wenn ein Körper, Herr Sprecher, dem
man zur Ader gelassen hat, immer ohne Hülfe ohn-
mächtig gelassen wird, wie kann er in gutem Stande
bleiben? Das ist aber der Zustand meiner Stadt
und Landschaft; der Handel ist ihnen entzogen, die
inländischen und Privatwaaren weggenommen, und
sie dürfen sich ohne Erlaubniß dieser Monopolisten
derselben nicht bedienen. Läßt man diese Blutigel
immer ruhig die besten und vornehmsten Waaren
einsaugen, die uns die Erde dort gegeben hat; was
wird aus uns werden, denen die Früchte unsers eignen Bodens, und die Waaren unsers eignen Fleißes, wofür wir in dem Schweiße unsers Angesichts,
bis an die Knie im Kothe, gearbeitet haben, durch
einen Befehl der höchsten Macht sollen weggenommen
werden, gegen den der arme Unterthan nichts sagen
darf? Mr. Georg Moore sagte: Wir wissen, die
Macht ihrer Majestät kann durch keine Acte eingeschränkt werden; warum sollten wir denn so reden?
Gesetzt, wir würden dieses Gesetz mit einem non
obstante machen; so kann doch die Königin ein Patent mit einem non obstante ertheilen, um dieses

non

ftät aufzuwarten, und für Jhre gnädigen Bewilligungen zum Beſten Jhres Volkes zu danken.

Da der Sprecher nebſt den andern Mitgliedern bey der Königin eingeführet ward, warfen
ſie ſich alle auf ihre Knie; und blieben eine ge-
raume

---

non obſtante aufzuheben. Jch glaube daher, es
ſtimmt beſſer mit der Würde dieſes Hauſes überein,
mit aller Demuth bittlich zu verfahren, als durch
eine Bill. Mr. Downland ſagte: Wie ich in keinem
Stücke ſaumſeelig oder zu heftig ſeyn wollte, ſo bin
ich auch nicht einfältig oder unempfindlich in Anſe-
hung der gemeinſchaftlichen Beſchwerden des Staats.
Verfahren wir bittlich, ſo dürfen wir keine gnädigere
Antwort erwarten, als wir bey dem vorigen Parlamente auf unſre Bittſchrift erhielten: ſeit jenem
Parlamente aber haben wir keine Verbeſſerung. Sir
Robert Wroth ſagte: Jch ſage, und ſage es kühn, dieſe
Monopoliſten ſind ärger, als ſie jemals waren. Mr.
Hayward Townſend ſchlug vor, man ſollte bey ihrer Majeſtät anſuchen, daß ſie nicht nur alle Monopolien auf-
höte, die den Unterthanen beſchwerlich wären; ſondern daß ſie auch geruhete, dem Parlamente die Abfaſſung einer Acte zu erlauben, kraft welcher dieſelben nicht mehr Kraft, Gültigkeit oder Würkung haben ſollten, als nach dem gemeinen Landesgeſetzen,
ohne die Kraft ihres Vorrechts. Thäten wir dieſes
auch

raume Zeit in dieser Stellung, bis sie es gut
fand, ihnen anzuzeigen, daß sie aufstehn möchten.
Der Sprecher erklärte die Dankbarkeit der Gemeinen dafür, daß ihre geheiligten Ohren immer offen
ständen, sie zu hören, und ihre gesegneten Hände

L 5   im-

auch jetzt, da auch die Acte so vernünftig ist, daß
wir uns versichert halten können, ihre Majestät werde nicht säumen, sie zu pasiren; so würden wir sie
doch als ihre liebenden Unterthanen u f. w. nicht
ohne ihr Mitwissen und Einwilligung überreichen,
(da die Sache ihr Vorrecht so nahe angeht,) oder
uns herausnehmen irgend eine solche Acte zu geben.

An einem folgenden Tage ward die Bill wider
die Monopolien noch einmal eingegeben; und Mr.
Spicer sagte: Es hilft nichts, daß man ihrer Majestät
Hände durch eine Parlamentsacte zu binden sucht, da
sie sich selbst nach Belieben frey machen kann. Mr.
Davies sagte, Gott hat unumschränkten Fürsten die
Macht gegeben, die er sich selbst zueignet; Dixi,
quod Dii estis. (man merkt, daß er diesen Spruch
auf die Könige von England anwendet.) Der Herr
Secretair Cecil sagte: Ich bin ein Diener der Königin; und ehe ich für eine Sache reden, oder meine
Einwilligung geben wollte, wodurch ihr Vorrecht ge-
schwächet, oder verringert würde, ehe wollte ich wünschen, meine Zunge möchte mir aus dem Halse ge-

schnit-

immer ausgestrecket wären, ihnen Erleichterung
zu verschaffen. Sie erkenneten, sagte er, er-
erkenneten in allem Gehorsame und in Dankbarkeit, daß, ehe sie noch riefen, Ihre zu-
vorkommende Gnade und alles verdienen-
de

schnitten werden. Ich bin versichert, es waren Ge-
setzgeber, ehe Gesetze waren. (Er meinte damit, wie
ich glaube, der Monarch wäre über den Gesetzen.)
Ein gewisser Edelmann wollte uns mit der Ausübung des Gesetzes in einem alten Protokoll von dem
fünften oder siebenten Jahre Eduards des dritten
überführen. Ganz vermutlich konnte das zu der
Zeit wahr seyn, da der König den Unterthan fürchtete. Wenn Sie auf das Gesetz bestehen, und über
das Vorrecht streiten, hören Sie denn auch, was
Bracton sagt? Prærogativam nostram nemo audeat
disputare. Und was mich betrifft, so billige ich es
nicht, daß man diesen Lauf nimmt. Und Sie, Herr
Sprecher, sollten die Pflicht erfüllen, die ihre Majestät Ihnen im Anfange dieses Parlaments auferlegte,
keine Billen dieser Art anzunehmen. Denn ihrer
Majestät Ohren stehn allen Beschwerden offen, und
ihre Hände sind für jedermans Bittschriften ausge-
streckt. Wenn der Fürst von einem Strafgesetze frey-
spricht, so wird dieses der Aenderung der unumschränkten Macht überlassen, die gut und unwider-
sprech-

de Güte über fie zu ihrem Beften wachte, und
bereitwilliger zu geben wäre, als fie verlangen,
gefchweige verdienen, könnten. Er bemerkte, die
Eigenfchaft, die Gotte am eigentlichften zukäme,
daß er alle feine Verfprechungen erfüllete, kämen
auch

fprechlich ift. Mr. Montague fagte: Ich mag nicht
fagen, was ich weiß, damit ich nicht etwa mißfalle.
Das königliche Vorrecht wird jetzt ftreitig gemacht;
und die Landesgefetze haben es doch immer einge-
räumt und gefchützet. Laßt uns alfo bey ihrer Majeftät bittlich einkommen.

Darauf fagte der Sprecher dem Haufe, die Königin hätte viele Patente vernichtet. Mr. Franz Moore
fagte: Ich muß bekennen, Herr Sprecher, ich fetzte
das Haus, wegen diefes Punktes, fowohl in dem
vorigen, als in diefem Parlamente, in Bewegung;
aber ich war nie gefonnen, (und ich hoffe, das Haus
denkt diefes auch,) dem königlichen Vorrechte Gränzen oder Schranken zu fetzen. Er geht fo weit, zu
behaupten, daß man ihrer Majeftät danken follte;
und auch, daß, weil verfchiedne Reden in dem Haufe
ungebührlich wären gehalten worden, die ohne Zweifel ihrer Majeftät erzählt, und von ihr würden übel
aufgenommen feyn, der Herr Sprecher fich dieferwe-
gen entfchuldigen, und demüthig abbitten möchte.
Man merke, daß diefe Auszüge von Townfend, einem

auch Ihr zu; und Sie wäre lauter Wahrheit,
lauter Beständigkeit; lauter Güte: Und er schloß
mit diesen Ausdrücken: „ Auch statten wir unsern
„ Dank nicht ab in Worten oder äusserlichen Zei-
„ chen; die keine zureichende Wiedervergeltung für
„ so

nem Mitgliede des Hauses, und keinem Hofmanne
gemacht sind; und daß die Ungebührlichkeit der Reden vielmehr auf der andern Seite zu seyn scheint;
so wird es uns gewiß seltsam vorkommen, daß man
diese Freyheit für ungebührlich hielt. Indessen war
die Königin, ungeachtet ihrer Gefälligkeit gegen das
Haus, so übel zufrieden mit diesem Verfahren, daß
sie davon in ihrer Rede zum Beschluße verdrüßlich
sprach, und ihnen sagte, sie merkte, Privatabsichten
wären bey ihnen unter den öffentlichen Vorstellungen
versteckt. D'Ewes, 619.

Es wurden noch einige andre Gründe für das Vorrecht, die noch ausschweifender waren, bey dieser Sitzung in dem Hause vorgetragen. Da die Frage wegen der Subsidie vorgenommen ward, sagte der Serjeant Heyle, Herr Sprecher, ich wundre mich sehr,
daß das Haus auf ein Recht besteht, eine Subsidie
oder die Zeit der Zahlung zu bewilligen; da doch alles,
was wir haben, ihrer Majestät gehört, und sie es
uns rechtmäßig nach Belieben nehmen kann; ja da
sie eben so viel Recht auf alle unsre Länder, und Güter

„ so große Güte seyn können; sondern in allen
„ Gehorsame und in Dankbarkeit, hingeworfen
„ zu Ihren Füssen, bringen wir unsre unterthä-
„ nigsten und dankbarsten Herzen, auch den letzten
„ Tropfen Blut in unsern Herzen, und den letz-
„ ten

ter hat, als auf jedes Einkommen ihrer Krone. Dabey fing das ganze Haus an zu husten, und zu plau-
dern. Gut, sagte, Serjeant Heyle, alles euer Husten soll mich nicht aus meiner Fassung bringen. Da
stand der Herr Sprecher auf, und sagte: Es ist eine
große Unordnung, daß man sich so bezeigt. Der vor-
genannt Serjeant fuhr fort, und da er noch eine Weile
geredet hatte, hustete das Haus vom neuen; und er
setzte sich nieder. In seiner letzten Rede sagte er, er
könnte seine vorige Behauptung mit Beyspielen zur
Zeit Heinrichs des dritten, und der Könige Johann
und Stephen u. s. w. beweisen; und das verursachte
bey ihnen dieses Husten. D'Ewes, 633. Es ist zu
merken, daß Heyle ein großer Rechtsgelehrter, und
ein Mann von guter Denkart war. Winwood, 1,
290. Und obgleich das Haus überhaupt sein Mißfallen zeigte, so gab sich doch niemand die Mühe, ihm
den Mund zu stopfen, oder sich diesen ungebührlichen
Behauptungen zu widersetzen. Man behauptete auch
bey dieser Sitzung, daß eben so, wie der römische
Consul die Macht gehabt hätte, einen Vorschlag zu
ver-

„ ten Athemzug unsrer Nasen, um sie für Ihre
„ Erhaltung zu vergiessen und auszuhauchen d).
Die Königin hörte diese Rede ganz geduldig an,
worinn man ihr durch Ausdrücke schmeichelte, die
dem höchsten Wesen eigenthümlich zukommen; und
sie

verwerfen oder anzunehmen, auch der Sprecher die
Bills in dem Hause annehmen, oder verwerfen dürfte: D'Ewes, 677. Das Haus erklärte sich wider
diese Meynung; aber selbst der Vortrag derselben ist
ein Beweis, wie niedrig damals die englische Freyheit stand.

In dem Jahre 1591 machten die Richter einen feyer-
lichen Schluß, England wäre ein unumschränktes Reich,
und dessen Haupt der König. Dieser Meinung zufolge,
bestimmeten sie, daß, wenn auch die Acte in Elisabeths erstem Jahre nie gemacht wäre, doch der König, als Oberhaupt der Kirche, durch sein Vorrecht,
ein solches geistliches bevollmächtiges Gericht hätte
bestellen können; denn er wäre das Haupt aller seiner
Unterthanen. Nun aber war dieses Gericht offenbar
eigenmächtig: die Schlußfolge ist also daraus, daß
seine Macht über die Laien eben so unumschränkt
wäre. Coke's Reports, 5. Caudrey's case.

a) D'Ewes, 654.
b) ib. 656.
c) ib. 657.
d) ib. 658, f.

sie gab eine Antwort voll solcher Ausdrücke der
Zärtlichkeit gegen ihr Volk, die nach den letzten
Beyspielen ihrer Strenge, die sie gegen dasselbe
ausgeübt, und wovon nur die Noth sie hatte
abstehn lehren, ekelhaft scheinen mußten. Also
war diese kritische Sache glücklich geendiget; und
da Elisabeth weislich bey Zeiten von ihren Rechten nachließ, behauptete sie ihre Würde, und erhielt sich in der Liebe ihres Volks.

Die Gemeinen bewilligten ihr eine Beysteuer,
wovon noch gar kein Beyspiel gewesen war, nämlich von vier Subsidien und acht Funfzehntheilen;
und sie waren so gehorsam, daß sie diese Beysteuer bewilligten, ehe sie noch einige Befriedigung
wegen der Monopolien erhalten hatten, die sie doch
billig als höchst wichtig für den Vortheil und die
Glückseligkeit der Nation achteten. Hätten sie den
Versuch gemacht, jene Bewilligung dadurch zu er-
zwingen, daß sie mit der Beysteuer zurückgehal-
ten hätten; so war der Königin Gemüthsart so
stolz, daß dieser Schein des Zwanges oder der
Eifersucht würde hinreichend gewesen seyn, eine
abschlägige Antwort auf ihr Gesuch zu wirken,
und sie zu einem noch gewaltsamen und willkühr-
lichern Machtspruche zu treiben.

Die

Die übrigen Begebenheiten in dieser Regierung sind weder sehr zahlreich noch wichtig. Da die Königin sich von den Spaniern in so viele Unruhe verwickelt sah, indem dieselben die irländische Empörung unterhielten, und beförderten, beschloß sie, (i. J. 1502.) ihnen daheim etwas zu thun zu geben; und rüstete ein Geschwader von neun Schiffen aus, unter dem Admiral Sir Richard Levison, und dem Viceadmiral Sir Wilhelm Monson, und sandte sie zu einer Unternehmung auf die spanische Küste aus. Der Admiral begegnete mit einem Theile des Geschwaders den mit Schätzen beladnen Gallionen; er war aber nicht stark genug, sie anzugreifen. Der Viceadmiral stieß auf einige reiche Schiffe; sie entronnen ihm aber aus gleicher Ursache. Damit nun ihre Unternehmung nicht ganz fruchtlos wäre, beschlossen diese beiden tapfern Officiere, den Haven Cerimbra in Portugall anzugreifen, wohin, wie sie erfuhren, eine sehr reiche Carrack, ihre Zuflucht genommen hatte. Der Haven ward von einer Schanze gedeckt; eilf Galeeren hielten darin Wache; und die Kriegsmacht des Landes, die, wie man glaubte, 20,000 Mann betrug, erschien an dem Gestade in Waffen: doch brach, ungeachtet dieser Hindernisse, und andrer, die von den Winden und Fluthen entstanden, das

eng-

englische Geschwader in den Haven ein, demon-
tirte das Geschütz in der Schanze, versenkte, ver-
brannte, oder verjagte die Galeeren, und zwang
die Charracke zur Uebergabe e). Sie nahmen sie
mit nach England, und man schätzte sie auf eine
Million Ducaten, f); ein merklicher Verlust für
die Spanier, und eine noch beträchtlichere Bey-
hülfe für Elisabeth g).

Die irländischen Angelegenheiten, eileten, nach
Tyrone's Niederlage und nach der Verjagung der
Spanier, zur Beruhigung. Lord Mountjoy theilte
seine Armee in kleine Haufen, und ängstete die
Rebellen auf allen Seiten. Er bauete Charlemount,
und viele andre kleine Schanzen, die für die Irländer unüberwindlich waren, und alle wichtige
Pässe des Landes deckten. Sir Heinrich Docw-
rays

e) Monson, 181.

f) Camden, 647.

g) In diesem Jahre fingen die Spanier an, Ostende
zu belagern, das Sir Franz Vere fünf Monate lang
tapfer vertheidigte. Dann erleichterten ihn die Staaten, indem sie einen neuen Statthalter dahin sandten. Und überall dauerte die Belagerung drey Jahre,
und man berechnete den Verlust bey derselben auf
100,000 Mann.

rays, und Sir Arthur Chichesters Wirksamkeit ver-
stattete den Empörern keine Ruhe oder Sicherheit;
und viele Hauptleute, die eine Zeitlang, den wilden Thieren gleich, sich in Wälder und Moräste
versteckten, ergaben sich auf Gnade, und nahmen
die Bedingungen an, die der Statthalter ihnen
zu setzen gut fand. Tyrone selbst hielt durch seinen Bruder, Arthur Mac-Baron, an, damit er
sich auf Bedingungen ergeben dürfte: Mountjoy
wollte es ihm aber nicht verstatten, wenn er nicht
sein Leben und Glück der Gnade der Königin ohne
Bedingung übergäbe. Er erschien also zu Mille-
font vor dem Statthalter, in einer Tracht und
Stellung, die sich für seine jetzigen Umstände schick-
te; und nachdem er sein Vergehn in den demü-
thigsten Ausdrücken bekannte, ward er vom Mountjoy in Gewahrsam gebracht, der ihn gefangen nach
England mitnehmen wollte, damit die Königin
nach Belieben mit ihm verführe.

Aber Elisabeth war jetzt unfähig, über diese
glückliche Begebenheit einige Zufriedenheit zu em-
pfinden. Sie war in tiefe Schwermuth versunken,
die nicht durch alle Vorzüge ihres hohen Glücks,
durch allen Ruhm ihrer beglückten Regierung nur
einigermaassen konnte gelindert oder besänftiget werden. Einige schrieben diese Niedergeschlagenheit

ihrer

ihrer Reue zu, daß sie den Throne begrabigt hatte,
den sie doch immer für seine Verräthereyen zur verdienten Strafe zu ziehen beschlossen; der sich aber
unter den Ministern eine solche Partey gemacht
hatte, daß dieselben ihm eine Begnadigung von
ihr erzwangen. Andre erklärten ihre Niedergeschlagenheit, mit mehrerer Wahrscheinlichkeit, aus ihrer
Entdeckung des Briefwechsels, den man an ihrem
Hofe mit ihrem Nachfolger, dem Könige von
Schottland, geführt hatte; und aus der Verachtung, der sie sich, wegen ihres Alters und ihrer
Schwachheiten, ausgesetzt glaubte. Man giebt
aber noch eine andre Ursache ihrer Schwermuth
an, die lange die Geschichtschreiber als romantisch
verworfen haben, die aber durch neuliche Entdeckungen bestätiget zu seyn scheint h). Es eräugne-
ten sich gewisse Vorfälle, die ihre Zärtlichkeit für
Essex wieder rege machten, und sie mit dem tief-
sten Kummer wegen der Einwilligung erfüllten, die
sie unbedachtsamerweise zu seiner Hinrichtung gegeben hatte.

M 2 Der

h) Die Beweise für diese merkwürdige Begebenheit sind
gesammelt in Birch's Negotiations, 206, und in
dessen Memoirs, 2, 481. 505, &c.

Der Graf von Essex, merkte, nach seiner Zurückkunft von der glücklichen Unternehmung wider
Cadiz, die Zunahme der zärtlichen Ergebenheit der
Königin gegen ihn, und nahm Gelegenheit es zu
bedauern, daß die Nothwendigkeit ihres Dienstes
ihn nöthigte, oft von ihr abwesend zu seyn; und
ihn allen denen Verläumdungen aussetzte, die seine
Feinde, die in ihren Aufwartungen fleißiger waren, wider ihn gebrauchen können. Sie ward
durch diese zärtliche Eifersucht gerührt; schenkte
ihm einen Ring, den er als ein Pfand ihrer Zuneigung annehmen sollte; und versicherte ihn, er
möchte auch noch so sehr in Ungnade fallen, man
möchte ihr noch so viele Verurtheile wider ihn ein-
flößen, so würde sie doch, wenn er ihr diesen Ring
sendete, gleich bey dem Anblicke desselben, sich ihrer
vorigen Zärtlichkeit wieder erinnern, ihm wieder
Gehör geben, und seiner Schutzrede ein geneigtes
Ohr gönnen. Essex behielt, ungeachtet aller seiner Unglücksfälle, dieses kostbare Geschenk bis auf
das Aeusserste zurück: aber nach seinem Verhöre,
und seiner Verurtheilung entschloß er sich, diese
Probe zu machen; und vertrauete den Ring der
Gräfin von Nottingham, die er bat, ihn der Königin einzuhändigen. Die Gräfin ließ sich durch
ihren Gemahl, der ein Todfeind des Essex war,
über-

überreden, den Auftrag nicht auszurichten: und
Elisabeth, die immer erwartete, ihr Liebling würde
diesen letzten Ruf an ihre Zärtlichkeit wagen, und
daher die Versäumung desselben seinem unüber=
windlichen Troße zuschrieb; ward, nach manchem
Aufschube, und manchem innerlichen Kampfe, durch
Rache und Staatsklugheit dahin gebracht, den
Befehl zu seiner Hinrichtung zu unterzeichnen. Die
Gräfin von Nottingham ward krank, fühlte ihr
Ende herannahen, und Gewissensbisse wegen ih=
res Verhaltens: da sie einen Besuch von der Kö=
nigin erhielt, bat sie dieselbe um Verzeihung, und
eröffnete ihr das unglückliche Geheimniß. Die Kö=
nigin entsetzte sich vor dieser Nachricht, brach in
Wuth aus, schüttelte die sterbende Gräfin in ih=
rem Bette, und schrie ihr zu, Gott möchte ihr
verzeihen, aber sie könnte es nie. Sie stürzte
von ihr hinaus, und überließ sich sogleich der tief=
sten und unheilbarsten Schwermuth. Sie verwarf
allen Trost; sie schlug sagar alle Nahrung aus.
Sie warf sich auf den Boden, hielt sich still und
unbeweglich, nährete ihre Gedanken mit ihrem Lei=
den, und erklärte Leben und Daseyn für eine un=
ausstehliche Last. Wenige Worte stieß sie aus;
und diese drückten alle einen gewissen innern Gram
aus, den sie nicht eröffnen wollte: aber Seufzer

M 3   und

und Aechzen waren die vornehmste Freyheit, die
sie ihrer Verzweiflung gab; und die, so sehr sie
ihren Kummer entdeckten, doch nie im Stande
waren, ihn zu erleichtern oder zu stillen. Zehn
Tage und Nächte lag sie auf dem Teppiche, auf
Küssen gelehnet, die ihre Kammerjungfern ihr brachten; und ihre Aerzte konnten sie nicht bereden, daß
sie sich zu Bette bringen ließe, geschweige denn,
daß sie einige Arzney versuchte, die sie ihr vor-
schrieben i). Ihre geängstete Seele hatte endlich
ihren schwächlichen Körper so lange gequält, daß
ihr Ende sichtbar herannahete: der geheime Rath
versammelte sich, und sandte den Großsiegelbewahrer, den Großadmiral, und den Secretair zu
ihr, um ihren Willen wegen ihres Thronfolgers
zu erfahren. Sie antwortete mit schwacher Stimme, da sie ein königliches Zepter geführt hätte,
so verlangte sie keinen andern, als einen königlichen Nachfolger. Cecil ersuchte sie, sich näher zu
erklären; da setzte sie hinzu, sie verlangte einen
König zum Nachfolger: und wer sollte dieses seyn,
als ihr nächster Verwandter, der König von
Schottland? Da hierauf der Erzbischof von Canterbury ihr anrieth, ihre Gedanken auf Gott zu
rich-

i) Strype, v. 4, n. 276.

richten; antwortete sie, sie, thäte dieses, und ihr
Herz entfernete sich im geringsten nicht von ihm.
Bald darauf verließ ihre Stimme sie, ihre Sinne
verlohren sich, sie fiel in einen ohnmächtigen Schlum-
mer, der einige Stunden währte; und sie ent-
schlief (am 24sten März) sanft, ohne weitern Kampf
oder Zuckungen, in dem siebenzigsten Jahre ihres
Alters, und dem fünf und vierzigsten ihrer Regierung.

Solche düstre Wolke überzog den Abend dieses Tages, der mit mächtigem Glanze ganz Europa angestrahlet hatte. Wenige große Personen
in der Geschichte sind mehr den Lästerungen ihrer
Feinde und den Schmeicheleyen ihrer Freunde ausgesetzt gewesen als die Königin Elisabeth; und
doch ist kaum eine, deren Ruhm durch die einhel-
lige Uebereinstimmung der Nachwelt ist sicherer ent-
schieden worden. Die ungewöhnliche Länge ihrer
Regierung, und die starken Züge ihres Charakters
konnten alle Vorurtheile überwinden; und da sie
ihre Lästerer zwangen, von ihrem Tadel vieles,
und ihre Bewunderer, von ihren Lobsprüchen etwas
nachzulassen, so haben dieselben endlich, trotz
aller Staatsparteyen, und was noch mehr ist,
trotz alles Glaubenshasses, ein übereinstimmendes
Urtheil von ihrer Aufführung hervor gebracht. Ih-

rer

rer Lebhaftigkeit, ihrer Beständigkeit, ihrer See-
lengrösse, ihrem durchdringenden Verstande, ihrer
Wachsamkeit, ihrer Gesprächigkeit, gesteht man
das höchste Lob zu; und sie scheint darin von keiner Person übertroffen zu seyn, die jemals einen
Thron bekleidete: ein nicht so strenges und herrsch-
süchtiges, aber aufrichtigeres und gnädigeres Betragen gegen ihr Volk wäre noch nöthig gewesen,
um einen vollkommnen Charakter zu bilden. Durch
die Stärke ihrer Seele schränkte sie alle ihre wirk-
samern und stärkern Eigenschaften ein, und verhütete, daß sie nicht zur Ausschweifung wurden.
Ihr Heldenmuth war frey von aller Verwegenheit, ihre Sparsamkeit vom Geize, ihre Freundschaft von Parteylichkeit, ihre Wirksamkeit von
einem unruhigem Geiste und einer eiteln Ehrsucht.
Sie hütete sich nicht mit gleicher Sorgfalt oder
gleichem Glücke, vor geringern Schwachheiten;
dem Neide in Ansehung der Schönheit, der Begierde nach Bewundrung, der verliebten Eifersucht,
und den Aufwallungen des Zornes.

Ihre besondre Gaben zum Regieren gründe-
ten sich eben so sehr auf ihre Gemüthsart, als
auf ihre Fähigkeit. Weil sie eine grosse Herrschaft
über sich selbst hatte, so erhielt sie bald ein un-
eingeschränktes Ansehn über ihr Volk; und indem

sie

sie durch ihre wirklichen Tugenden Achtung bey
Allen verdiente, erwarb sie sich auch durch ihre
Scheintugenden die Liebe derselben. Wenige englische Monarchen bestiegen den Thron in so schwie-
rigen Umständen, und keiner führte jemals die
Herrschaft mit so gleichmäßigen Erfolge und Glücke.
Kannte sie gleich nicht die Duldung, als das
wahre Geheimniß, Glaubensparteyen im Zügel zu
halten; so bewahrete sie doch ihr Volk, durch
ihre höhere Klugheit, vor den Verwirrungen, worein die Kirchenstreitigkeit alle benachbarte Völker
verwickelt hatte. Und waren gleich ihre Feinde
die mächtigsten, wirksamsten, unternehmendsten
und gewissenlosesten Fürsten in Europa; so konnte
sie doch durch ihren Muth den Staaten derselben
Wunden zufügen; und ihre eigne Größe blieb doch
indessen unangetastet, und ungeschwächet.

Die weisen Minister und tapfern Kriegshel-
den, die unter ihrer Regierung blüheten, theilen
zwar den Ruhm des Glückes mit ihr: anstatt aber
den Beyfall zu verringern, den man ihr schuldig
ist, verstärken sie denselben vielmehr. Sie ver-
dankten alle die Ausführung ihrer Thaten der Wahl
der Königin; durch ihre Standhaftigkeit wurden
sie unterstützt; und mit aller ihrer Geschicklichkeit
konnten sie nie ein ungebührendes Ansehn über sie

erlan-

erlangen. In ihrer Familie, an ihrem Hofe, in
ihrem Königreiche, blieb sie gleichmäßig Gebiethe-
rinn. Die Macht der zärtlichen Leidenschaften war
groß über sie; aber die Stärke ihrer Seele noch
größer; und der Kampf, den ihr Sieg ihr augenscheinlich kostete, diente nur, die Standhaftigkeit ihrer Entschließung, und die Erhabenheit ihrer
ehrgeizigen Gesinnungen zu zeigen.

Obgleich der Ruhm dieser Fürstin so wohl die
Vorurtheile des Parteygeistes, als der Unbächte-
ley überwunden hat, so ist er doch noch einem
andern Vorurtheile ausgesetzt, das natürlicher und
darum auch dauerhafter ist, und nach den verschiednen Gesichtspuncten, woraus wir sie betrachten, den Glanz ihres Charakters entweder übermäß-
sig zu erhöhen, oder zu schwächen fähig ist. Dieses
Vorurtheil gründet sich auf der Betrachtung ihres
Geschlechts. Betrachten wir sie als ein Frauenzimmer, so rührt uns leicht die höchste Bewunderung ihrer grossen Eigenschaften und ausgebrei-
teten Fähigkeiten: aber wir fodern auch etwas
mehr Sanftmuth, etwas grössere Gelindigkeit, und
etwas von den liebenswürdigen Schwachheiten, wodurch sich ihr Geschlecht unterscheidet. Aber die
rechte Art, ihr Verdienst zu bestimmen, ist, wenn
man alle diese Betrachtungen bey Seite setzt, und

sie

ſie bloß als ein vernünftiges Weſen betrachtet,
das mit hohem Anſehn begabet, und dem die Be-
herrſchung der Menſchen anvertrauet war. Es
mag uns ſchwer dünken, unſre Vorſtellung mit
dem Begriff von ihr, als Frau, oder Geliebte zu
vergleichen; aber ihre Eigenſchaften als Monarchin ſind, obwohl mit einigen beträchtlichen Aus-
nahmen, der Gegenſtand eines unbeſtrittenen Bey-
fals.

Die Partey unter uns, die ſich am meiſten
durch ihre Anhänglichkeit an die Freyheit und Volks-
regierung unterſchieden, hat ſich lange ihren Vorurtheilen wider das folgende königliche Geſchlecht
überlaſſen, indem ſie der Tugend und Weisheit
einer Eliſabeth gränzenloſe Lobſprüche ertheilet hat.
Sie iſt ſo äuſſerſt unwiſſend in den Verhandlun-
lungen dieſer Regierung geweſen, daß ſie jene wegen
einer Eigenſchaft erhoben hat, die ſie doch unter allen
am wenigſten beſaß; wegen einer zärtlichen Achtung
für die Staatsverfaſſung, und einer Sorgfalt
für die Freyheiten und Vorrechte ihres Volks. Da
es aber den eingenommnen Gemüthern einer Partey
kaum möglich iſt, noch länger über ſo augenſchein-
liche und unläugbare Handlungen einen Schleier
zu ziehn; ſo iſt Gefahr, daß das Publicum in
die

die entgegengeſetzte Ausſchweifung verfaſſe, und
eine Abneigung gegen das Andenken einer Fürſtin
hege, welche die königliche Gewalt auf eine Art
ausübte, die ſo ſehr allen Begriffen zuwider läuft,
die wir gegenwärtig von einer geſetzlichen Verfaſſung hegen. Aber Eliſabeth behauptete nur die Vorrechte, die durch ihre nächſten Vorgänger auf ſie
gekommen waren; ſie glaubte, ihre Unterthanen
wären zu nicht mehrerer Freyheit berechtigt, als
die Vorfahren derſelben genoſſen; ſie fand, daß
dieſelben mit ihrer eigenmächtigen Regierung zufrieden waren; und es war nicht natürlich, daß
ſie eine Regierungsform fehlerhaft hätte finden ſol-
len, nach welcher ſie mit ſo uneingeſchränkter Gewalt verſehn war. In beſondern Ausübungen der
Macht ſollte die Frage nie vergeſſen werden, was
iſt das Beſte? Aber in der allgemeinen Vertheilung der Macht unter den verſchiednen Mitgliedern einer Staatsverfaſſung kann ſelten irgend eine
andre Frage ſtatt finden, als, was iſt gewöhnlich? Wir finden wenige Beyſpiele von Fürſten,
die willig ihrer Macht entſaget hätten; und keine
von dieſen haben ſie ſich ohne Widerſtreben ab-
zwingen laſſen. Folgt man irgend einer andern
Vorſchrift, als der eingeführten Gewohnheit, ſo
müſſen Parteyen und Mißhelligkeiten ſich ohne Ende
ver-

vermehren: und obgleich viele Verfaſſungen, und
keine mehr, als die brittiſche, ſelbſt durch gewalt:
ſame Neuerungen ſind verbeſſert worden; ſo muß
doch das Lob, das wir einigen Patrioten zuge:
ſtehn, denen wir unſre Vorrechte ſchuldig ſind,
mit einigem Vorbehalte ertheilt werden, und gewiß
ohne den geringſten Groll gegen jene, die der alten
Verfaſſung anhingen.

Die alte Verfaſſung Englands zu verſtehn k),
verdienet kein Zeitraum fleißiger betrachtet zu wer:
den, als Eliſabeths Regierung. Die Vorrechte
dieſer Fürſtin wurden faſt nie beſtritten; daher
bediente ſie ſich derſelben ohne Bedenklichkeit: Ihre
herrſchſüchtige Gemüthsart, ein Umſtand, worin
ſie viel weiter ging, als ihre Vorgänger, machte
die Ausübungen ihrer Macht gewaltſamer und
häu=

k) Durch die alte Verfaſſung meine ich hier diejenige,
die vor der feſten Beſtimmung unſers gegenwärtigen
Entwurfs der Freyheit herrſchte. Es war eine ältere
Verfaſſung, worin zwar das Volk vielleicht weniger
Freyheit, als unter den Tudorn, doch auch der König
weniger Anſehn hatte: ihn hielt die Macht der Baronen ſehr im Zwange, und über jenes übten ſie
große Tyranney aus. Aber es war noch eine ältere
Verfaſſung, nämlich die vor der Abfaſſung des groſſen
Freyheitbriefes, in welcher das Volk ſo wenig, als
die Baronen, einige ordentliche Gewalt hatten, und
die Macht der Herrſchaft faſt ganz bey dem Könige
war. Die engliſche Verfaſſung iſt, wie alle andre,
in beſtändiger Ab= und Zunahme geweſen.

häufiger, und zeigte die völlige Ausdehnung ihrer
Gewalt: die grosse Volksliebe, die sie genoß, be-
weist, daß sie keine der eingeführten Freyheiten
des Volks kränkte: Denkmähler sind in Menge
vorhanden, wodurch die befantesten Handlungen
ihrer Regierung gewiß werden: und ob man gleich
diese Denkmähler anderswo, als bey den gewöhnlichen Geschichtschreibern suchen muß, so werden
sie dadurch nur glaubwürdiger, und dienen zu
einem stärkern Beweise, daß man die besondern
Ausübungen ihrer Macht nur als den gewöhnlichen Lauf der Regierung ansah, weil man sie
nicht für merkwürdig genug hielt, daß auch gleich-
zeitige Schriftsteller ihrer hätten gedenken sollen.
War irgend ein Unterschied in diesem Stücke, so
scheint vielmehr das Volk unter den vorigen Regierungen unterthäniger gewesen zu seyn, als zu
Elisabeths Zeiten l). Hier wird es nicht unschick-
lich seyn, einige alte Kronvorrechte herzurechnen,

und

---

l) In einer Schrift von dem Zustande des Reichs, die
der Secretaire Cecil, 1569, aufgesetzt hat, steht
diese Stelle: „ Dann folgt die Abnahme des Gehorsams in der bürgerlichen Verfassung, die in Vergleichung mit der Furcht und Ehrerbietung aller niedern
Stände gegen ihre Obern in den vergangnen Zeiten,
jeden Weisen und Nachdenkenden in Erstaunen setzen
wird, wenn er die Verzweiflung betrachtet. " Haynes,
586. 588.

und die Quellen jener Macht aufzudecken, deren ehemals die englischen Monarchen genossen.

Eines der ältesten und ordentlichsten Machtwerkzeuge war das Gericht der Sternkammer, das eine uneingeschränkte willkührliche Gewalt hatte, Geldbuße, Gefängniß und körperliche Strafen aufzuerlegen, und dessen Gerichtsbarkeit sich über alle Arten von Vergehungen, Verachtungen und Unordnungen erstreckte, die nicht unter das Landrecht gehörten. Die Glieder dieses Gerichts bestanden aus dem geheimen Rathe und den Richtern; Männern, die ihre Aemter alle so lange verwalteten, als es dem Fürsten beliebte: Und da dieser selbst gegenwärtig war, richtete er allein, und alle andre konnten nur durch Rathgeben wirken. Es war nur dieses einzige Gericht in jeder Regierung nöthig, um allen ordentlichen, gesetzmäßigen und richtigen Entwürfen der Freyheit ein Ende zu machen. Denn wer durfte sich der Krone und dem Ministerium widersetzen? oder nach dem Vorzuge streben, ein Beschützer der Freyheit zu seyn, so lange er einer so eigenmächtigen Gerichtsbarkeit unterworfen war? Ich zweifle sehr, ob irgend eine unumschränkte Monarchie in Europa jetzt ein so ungesetzliches und despotisches Gericht hat.

Das

Das Gericht der hohen Vollmacht war eine andre noch fürchterlichere Gerichtsbarkeit; weil das Verbrechen der Ketzerey, worüber dasselbe urtheilte, unbestimmter war, als irgend eine bürgerliche Vergehung; und sein Verfahren, Schuldige einzuziehn und ihnen Eide aufzuerlegen, auch den einfältigsten Begriffen von Gerechtigkeit und Billigkeit zuwider war. Zu Geldstrafen und Gefängniß verurtheilte dieses Gericht oft; Abdankungen und Absetzungen der Geistlichkeit wegen ihrer Nonconformität waren auch sehr häufig, und trafen auf einmal den dritten Theil aller Geistlichen in England. m) Die Königin sagte ausdrücklich in einem Briefe an den Erzbischof von Canterbury, sie hätte beschlossen, „es sollte niemand gestattet werden, „ zur Rechten oder zur Linken von der Schnur ab- „ zuweichen, die sie durch ihr Ansehn, ihre Gesetze „ und Befehle gezogen hätte. "n)

Aber das Kriegsrecht gieng noch viel weiter, als selbst diese beiden Gerichte, in der schnellen, eigenmächtigen und gewaltsamen Art der Entscheidung. So oft ein Aufstand oder öffentliche Unordnung war, brauchte die Krone das Kriegsrecht;

und

m) Neal, 1, 479.
n) Murden, 183.

und es ward während dieser Zeit, nicht nur an den
Soldaten, sondern an dem ganzen Volke ausgeübt: ein jeder konnte als Europäer, oder Mithelfer
oder Aufwiegler gestraft werden, den der Provost-
marschall, oder Statthalter der Grafschaften, oder
ihre Untergeordneten in Verdacht zu haben beliebt-
ten. Lord Bacon sagt, das Verhör nach dem
Landrechte, das dem Grafen von Essex und seinen
Mitverschwornen zugestanden ward, wäre eine
Gnade; denn die Sache hätte nothwendig vor das
Kriegsrecht gehört. o) Wir haben auch Beyspiele
gesehn, daß die Königin Maria es zur Verthei-
gung der Rechtgläubigkeit brauchte.   Es ist noch
ein Brief von der Königin Elisabeth an den Grafen
von Sussex vorhanden, worin sie es ihm, nach der
Unterdrückung der nordischen Empörung, hart
verweiset, daß sie nicht gehört hätte, es wäre von
ihm jemand nach dem Kriegsrechte hingerichtet
worden; p) obgleich es wahrscheinlich ist, daß an
800 Personen, wegen dieses kleinen Aufstandes, auf
eine oder die andre Art zum Tode gebracht wurden.
Aber die Könige von England schränkten die
Ausübung dieses Rechts nicht allemal auf die Zeiten
des

o) Bacon, 4, 510.
p) Mf. of Lord Royston's, from the Paper-office.

des Kriegs oder der Empörung ein. In dem Jahre 1552, da keine Empörung oder Aufstand war, gab König Eduard eine Vollmacht zum Kriegsrechte; und gab den Bevollmächtigten Gewalt, es auszuüben, wie sie es nach ihrer Einsicht am nöthigsten finden würden. q) Die Königin Elisabeth war gewiß auch nicht sparsam in dem Gebrauche dieses Rechts. In dem Jahr 1573, überredete sich ein Puritaner, Peter Burchet, es wäre recht oder verdienstlich, die zu tödten, die sich der Wahrheit des Evangeliums widersetzten, lief auf die Straße, und verwundete den berühmten Seehelden Hawkins, den er für Hatton, den Liebling der Königin, ansah. Die Königin ward so aufgebracht, daß sie befahl, ihn sogleich nach dem Kriegsrechte zu strafen: Aber auf Vorstellung einiger klugen Räthe, die ihr sagten, dieses Recht müßte auf unruhige Zeiten eingeschränkt werden, widerrief sie ihren Befehl, und überließ Burchet dem Landrechte. r) Aber sie blieb nicht immer so zurückhaltend in der Ausübung dieser Gewalt. Es ist noch eine von ihren öffentlichen Bekanntmachungen übrig, worin sie Befehl giebt, das Kriegsrecht wider alle die zu

brau-

q) Strxpe's eccl. mem. 2, 373. 458. f.

r) ib. 288. Camden 446.

brauchen, die Bullen, oder auch nur verbottne
Bücher und Schriften von außenher einführten; s)
und verbeut, die Statthalter oder deren Unter-
geordnete zur Verantwortung zu ziehn, wegen ihrer
eigenmächtigen Bestrafung solcher Verbrecher,
ungeachtet aller Gesetze oder Verordnungen,
die auf irgend eine Weise dem entgegen wären.
Wir haben eine andre noch außerordentliche Urkunde
von ihr. Die Straßen von London wurden durch
mußige Landstreicher und lüderliche Leute sehr
unsicher gemacht: Der Lordmajor hatte dieser
Unordnung Einhalt zu thun gesucht; die Sternkammer hatte ihr Ansehn gebraucht, und diese
Lüderlichen bestraft: aber die Königin fand diese
Mittel unwirksam, und erneuerte das Kriegsrecht,
indem sie dem Sir Thomas Wilford die Vollmacht
eines Provostmarschalls gab. „Sie gab ihm
„ Gewalt, und bevollmächte ihn, auf Anzeige der
„ Friedensrichter in London, und der benachbarten
„ Grafschaften, von solchen Verbrechern, die ge-
„ schwind hingerichtet zu werden verdienten, die-
„ selben Personen zu greifen, und wegzunehmen,
„ und in Gegenwart der genannten Richter, nach
„ dem Kriegsrechte, öffentlich oder nahe bey einem

N 2   „ Or-

s) Strype, 3, 570.

„ Orte aufzuhängen, wo vorbenannte aufrühreri-
„ ſche, und unverbeſſerliche Verbrecher in der Aus-
„ übung jener großen Verbrecher würden betroffen
„ werden. " t) Ich glaube, es wird ſchwer ſeyn,
ein Beyſpiel ſolcher Gewalt an irgend einem Orte,
zwiſchen hier und Rußland aufzuweiſen.

Die Sternkammer, die hohe Commißion, und
das Kriegsgericht, waren zwar eigenmächtige Gerichtsbarkeiten; doch hatten ſie noch immer einigen Schein des Verhörs, wenigſtens eines Urtheils-
ſpruches: aber es war noch eine harte Strafe in
dieſem Jahrhunderte ſehr gewöhnlich, womit
jemand ohne einige andre Vollmacht, als den
Befehl eines Staatsſecretairs oder des geheimen
Raths, u) belegt ward; das war die Gefangenſchaft, in jedem Kerker, und auf ſo lange Zeit, als
dieſe Miniſter es gut fänden. In verdächtigen
Zeiten waren alle Gefängniſſe voll Staatsgefang-
ner; und dieſe unglücklichen Opfer der öffentlichen
Eiferſucht wurden zuweilen in finſtre Kerker geworfen, und mit Eiſen beladen, und auf die grauſamſte
Art

---

t) Rymer, 16, 279.
u) 1588 ſetzte der Lordmajor verſchiedne Bürger ins
Gefängniß, weil ſie ſich weigerten, das von ihnen verlangte Darlehn zu bezahlen. Murden, 632.

Art behandelt, ohne von den Gesetzen Hülfe erlangen zu können.

Diese Gewohnheit war ein Nebenweg zur peinlichen Frage: aber die Folter selbst wurde oft bey einigem Verdachte, ohne andre Vollmacht, als einen Befehl des Secretairs oder des geheimen Raths, gebraucht. Selbst die Rathsversammlung in den Marchen von Wallis war durch ihre Vollmacht berechtiget, sich der peinlichen Frage zu bedienen, so oft sie es gut fände. x) Kein Beweis kann stärker seyn, wie leichtsinnig man die Folter brauchte, als folgende Begebenheit, die Lord Bacon erzählet. Wir wollen ihm seine eignen Worte lassen. „Die Königin ward gewaltig aufgebracht wider „den Hayward, weil er dem Lord Essex ein Buch „zueignete, das eine Geschichte des ersten Jahrs „Heinrichs des Vierten war, und das sie als ein „aufrührerisches Vorspiel ansah, um dem Volke „Kühnheit und Parteygeist in den Kopf zu setzen. y) „Sie sagte, sie meinte Verrath darin zu finden; „und fragte mich, ob ich nicht einige Stellen darin

N 3 „fin-

---

x) Haynes, 196.

y) Nach meinem Begriffe scheint Haywards Buch vielmehr eine entgegengesetzte Absicht gehabt zu haben. Denn er hat darin die berüchtigte Rede des Bischofs

von

„ finden könnte, die sich auf Verrath deuten ließen.
„ Ich antwortete, Verrath finde ich gewiß nicht
„ darin; aber sehr viel Felonie, und da Ihre
„ Majestät mich eilig fragten, worin? so sagte ich
„ ihr, der Verfasser hätte einen sehr offenbaren
„ Diebstahl begangen; denn er hätte die meisten
„ Gedanken aus dem Cornelius Tacitus genommen,
„ sie in das Englische übersetzt, und in seinen Text
„ verpflanzt. Und zu einer andern Zeit, da die Köni-
„ gin sich nicht überreden konnte, daß die Schrift von
„ dem wäre, dessen Namen davor stand; sondern daß
„ sie einen gefährlichen Verfasser hätte; und mit
„ großem Unwillen sagte, sie wollte ihn foltern lassen,
„ damit er den wahren Verfasser anzeigte: erwieder-
„ te ich: Ja, Madam, er ist ein Doctor; foltern sie
„ nie seine Person, sondern seine Feder: lassen sie
„ ihm Schreibgeräth und Bücher zur Hülfe geben,
„ und ihm befehlen, die Geschichte da fortzusetzen,
„ wo sie aufhört; und ich will es übernehmen,
„ durch Vergleichung der Schreibarten zu entschei-
„ den, ob er der Verfasser war, oder nicht. „ z)

So

von Carliele aufbehalten, die in den ausdrücklichsten
Worten die Lehre von dem leidenden Gehorsame enthält. Aber die Königin Elisabeth war in diesem Stücke
sehr schwer zu vergnügen.

z) Cabbala, 81.

So würde dieser Schriftsteller, ein Mann von Gelehrsamkeit, hätte ihm nicht Bacons Menschenliebe, oder vielmehr dessen Witz geholfen, für eine höchst unschuldige Handlung auf die Folter gespannt worden seyn. Sein wahres Vergehn war, daß er jenem freygebigen Beschützer der Gelehrten, dem Grafen von Essex, zu einer Zeit, da dieser bey Ihrer Majestät in Ungnaden war, ein Buch zueignete.

Der Königin Drohung, Haywarden des Veraths wegen zu verhören, und zu bestrafen, hätte leicht können ausgeführt werden, wäre sein Buch auch noch so unschuldig gewesen. Da so viele Schrecken über dem Volk hiengen, hätte kein geschwornes Gericht einen Mann lossprechen dürfen, den der Hof verurtheilen zu lassen beschlossen hatte. Auch die Gewohnheit, die Zeugen nicht mit den Gefangnen zusammen zu stellen, gab den Kron-Rechtsgelehrten alle ersinnliche Vortheile über ihn. Und in der That trift man kaum ein Beyspiel in allen diesen Regierungen an, daß je den Monarchen oder den Ministern die Absicht ihrer Verfolgungen mißgelungen wäre. Furchtsame Gerichte, und Richter die ihre Aemter nur so lange führten, als es dem Hofe beliebte, ermangelten nie, alle Absichten des letztern zu erfüllen.

N 4   Die

Die Macht, jeden zu zwingen, daß er ein Amt annehme, war ein andres Vorrecht, das sich mit der Freyheit gar nicht vertrug. Osborne giebt folgende Nachricht von Elisabeths Art, sich dieses Vorrechts zu bedienen. „Fand sie einen, der wahr- „scheinlicherweise ihren Absichten im Wege seyn „konnte, so verhütete sie dieses bey Zeiten, indem „sie ihm auswärts eine beschwerliche Bedienung, „oder daheim einen gewissen Dienst gab, der dem „Volke, wie sie wußte, am wenigsten angenehm „war; und hierin handelte sie einem falschen „Grundsatze zuwider, den andre Fürsten mit weit „schlimmerem Erfolge ausüben, die es für eine „beßre Haushaltung achten, Feinde abzukaufen, „als Freunde zu belohnen." a) Die Gewohnheit, die Osborne an Elisabeths beiden nächsten Thron- folgern tadelt, entstand theils aus der äußersten Verlegenheit ihrer Umstände, theils aus der größern Gelindigkeit ihrer Gemüthsart. Die Macht zu werben ward, wie man sich natürlicherweise einbil- den kann, oft gemißbraucht; und die Officiere er- preßten Geld von denen, die sich von dem Dienste frey machen wollten. b)

So

a) Osb. 392.
b) Murden, 181.

So verschieden die Regierung Englands zu
dieser Zeit, in vielen andern Stücken von der jetzigen
türkischen war, so hatte sie doch in diesem Betrachte
einige Aehnlichkeit damit. Der Monarch hatte jede
Macht, außer der, Auflagen zu machen; und in
beiden Ländern scheint diese Einschränkung, wenn
sie nicht durch andre Vorrechte unterstützt wird,
vielmehr dem Volke nachtheilig. In der Türkey
zwingt sie den Sultan, die Erpressungen der Baschen
und Statthalter der Provinzen zu erlauben, von
denen er nachher Geschenke erpreßt, oder ihre Güter
einzieht: in England nöthigte sie die Königin
Monopolien zu errichten, und Patente zum aus-
schließlichen Handel zu ertheilen; eine so gefährliche
Erfindung, daß, wenn sie eine Reihe von Jahren
in gleichem Verhältnisse fortgefahren hätte, England,
der Sitz des Reichthums, der Künste und des Handels, jetzt eben so wenig Arbeiter haben würde, als
Maroko oder die Küste der Barbarey.

Wir können weiter bemerken, daß in dieses
schätzbare Vorrecht, (das bloß schätzbar ist, weil es
nachher das Mittel ward, wodurch das Parlament
alle seine andern Vorrechte erzwang,) unter Elisabeths und ihrer Vorgänger Regierung, auf eine indirekte Art viel Eingriffe geschahen. Sie erzwang
oft Darlehne von ihrem Volke; eine eigenmächtige

N 5   und

und unrechte Art von Auflage, die einzelnen Perfonen fehr fchwer fiel: denn wenn gleich das Geld
ordentlich wieder bezahlt ward, welches auch felten
gefchah; c) fo ftand es doch in des Fürften Händen
fruchtlos, welches denen ein merklicher Verluft war,
von denen es gelehnet ward. d)

Es ift noch ein Vorfchlag vorhanden, den Lord
Burleigh that, ein allgemeines Darlehn von dem
Volke zu erheben, daß ftatt einer Subfidie gelten
könnte; e) ein Entwurf, der die Laft würde gleicher
gemacht haben, der aber in andern Worten nichts,
als eine Schatzung enthielt, die ohne Bewilligung
des

---

c) Bacon, 4, 362.

d) In dem zweyten Jahre Richards des Zweyten, ward
eine Verordnung gemacht, diejenigen, die bey Dar-
lehnen, die der König, durch Briefe unter dem gehei=
men Siegel von feinen Unterthanen verlangte, gegründete Entfchuldigung hätten, nichts dazu herzugeben,
follten ohne weitere Aufforderungen, Reifen, oder
Beunruhigungen, angenommen werden. Cotton's
Abridg. 170. Durch das Gefetz ward des Königes
Vorrecht, Darlehne zu erpreffen, genehmiget; und
was für eine gegründete Entfchuldigung müßte geachtet
werden, das ward immer feinem eignen Gewiffen zur
Beurtheilung überlaffen.

e) Haynes, 518. f.

des Parlaments auferlegt ward. Es ist merkwürdig, daß der Entwurf, den dieser weise Minister
ohne einige sichtbare Noth, vorschlug, eben derselbe
ist, den Heinrich der Achte versuchte, und den Karl
der Erste, da er durch die üble Begegnung
seines Parlaments aufgebracht, und in die
größte Verlegenheit gesetzt war, nachher, zum
großen Mißvergnügen der Nation, in Ausübung
brachte.

Die Bitte um ein freywilliges Geschenk war
eine andre Erfindung dieses Zeitalters, um Auflagen auf das Volk zu machen. Diese Gewohnheit
hielt man so wenig für unregelmäßig, daß die
Gemeinen 1585, der Königin ein freywilliges
Geschenk anboten; das sie sehr großmüthig ausschlug, weil sie zu der Zeit keines Geldes benöthiget
war. f) Die Königin Maria vermehrte auch, durch
einen Befehl des geheimen Raths, die Zölle von
einigen Waaren; und ihre Schwester ahmete ihrem
Beyspiele nach. g) Zur Zeit der spanischen Landung ward eine Art von Schiffszoll angelegt. Die
verschiednen Häven mußten eine gewisse Anzahl
Schiffe, auf ihre eigne Kosten ausrüsten; und der

Eifer

f) D'Ewes, 494.
g) Bacon, 4, 362.

Eifer des Volks für die Vertheidigung ihres Landes war so groß, daß einige Häven, besonders London, die gedoppelte Anzahl sandten, die von ihnen einzeln verlangt ward. h) Wann Werbungen für Irland, Frankreich, oder die Niederlande angestellt wurden, zwang die Königin die Grafschaften, die Soldaten herbey zu schaffen, sie zu bewaffnen und zu kleiden, und auf ihre Kosten nach den Seehaven zu bringen. Neujahrsgeschenke wurden zu der Zeit auch von dem hohen Adel, und von den Angesehnern unter dem niedrigen erwartet. i)

Die Vorrathslieferung war eine andre Art von unrechter, eigenmächtiger und drückender Schatzung. Das ganze Königreich fühlte die Last dieser Auflage merklich; und es ward als ein großes Vorrecht Oxford und Cambridge zugestanden, daß die Lieferungsbedienten keine Lebensmittel, innerhalb fünf Meilen von diesen Universitäten wegnehmen durften. Die Königin versorgte, mittelst dieses Vorrechtes, ihre Flotte in den ersten Jahren ihrer Regierung. k)

Die

h) Monson, 267.
i) Strype, 1, 137.
k) Camden, 388.

Die Vormundschaft war die ordentlichste und rechtmäßigste aller dieser Auflagen durch das Vorrecht : doch war sie ein großes Zeichen der Knechtschaft, und großen Häußern sehr drückend. Fiel ein Gut an eine weibliche Erbin, so zwang der Monarch sie, einen jeden zu heurathen, der ihm gefiel; und der Erbe mochte männlich oder weiblich seyn, so genoß die Krone den ganzen Nutzen der Renten während Minderjährigkeit. Die Ertheilung einer reichen Vormundschaft war eine gewöhnliche Art, einen Hofmann oder Liebling zu belohnen.

Die Erfindungen waren unendlich, die eine willkührliche Macht anwenden konnte, Geld zu erpressen, so lange das Volk sich einbildete, sein Eigenthum wäre gesichert, weil die Krone keine Auflagen machen dürfte. Strype hat eine Rede des Lords Burleigh an die Königin und den geheimen Rath aufbehalten, worin einige nicht wenig außerordentliche Umstände enthalten sind. 1) Burleigh schlägt vor, sie sollte ein Gericht zur Abstellung aller Mißbräuche anordnen, und den Bevollmächtigten eine allgemeine untersuchende Macht über das ganze Königreich ertheilen. Er stellte ihr das

Bey-

1) Annals, 4. 234. L

Beyspiel ihres weisen Großvaters, Heinrichs des
Siebenten, vor Augen, der durch solche Mittel sein
Einkommen ausnehmend vermehrte; und er räth,
dieses neue Gericht solle „sowohl nach der Leitung
„ und dem ordentlichen Laufe der Gesetze verfahren,
„ als Kraft der höchsten Oberherrschaft ihrer
„ Majestät, und der unumschränkten Macht, von
„ der die Gesetze herkämen." Mit einem Worte,
er erwartet von dieser Verfügung größern Zuwachs
für den königlichen Schatz, als Heinrich der Achte
durch die Abschaffung der Abteyen, und durch alle
eingezognen Kircheneinkünfte zusammen brachte.
Dieser Vorschlag des Lords Burleigh bedarf, denke
ich, keiner Erklärung. Die Regierungsform mußte
sehr eigenmächtig seyn, wo ein weiser und guter
Minister dem Monarchen einen solchen Vorschlag
thun konnte.

Der Beschlag auf Kaufmannsgüter war ein
anders Werkzeug der königlichen Macht, wodurch
die englischen Könige Geld von dem Volke erpressen
konnten. Wir haben Beyspiele unter Mariens
Regierung gesehn. Elisabeth gab vor ihrer Krö-
nung einen Befehl an das Zollhaus, wodurch sie
den Verkauff aller Cramoesinrothen Seidenzeuge,
die eingebracht werden würden, bis der Hof zuerst

damit

damit verſehn wäre, verbot. m) Sie erwartete
ohne Zweifel einen ſpottwohlfeilen Preis von
den Kaufleuten, ſo lange ſie unter dieſem Zwange
waren.

Das Parlament maßte ſich das Recht an,
ſowohl Geſetze zu geben, als Subſidien zu bewilligen; aber dieſes Vorrecht war in dieſem Jahrhunderte weit unbedeutender, als das andre. Die
Königin Eliſabeth verboth ihnen ausdrücklich, ſich
in Staats- oder Kirchenſachen zu miſchen und ſandte
öffentlich die Mitglieder ins Gefängniß, die ſich
erkühnten, ihren gebiethriſchen Befehl, in dieſen
Stücken zu übertreten. In wenigen Parlamentern
unter ihrer Regierung zeigen ſich keine Beyſpiele
dieſes eigenmächtigen Betragens.

Aber die geſetzgebende Macht des Parlaments
war ein bloßes Blendwerk, ſo lange man den
Monarchen allgemein eine aufhebende Macht zuge-
ſtand, wodurch alle Geſetze unkräftig, und un-
wirkſam konnten gemacht werden. Der Gebrauch
dieſer Macht war auch ein Nebenweg zur Errichtung
der Monopolien. Lag ein Zweig der Manufakturen
unter Zwanggeſetzen, ſo gab der Monarch, durch
die Ausnahme einer Perſon von den Geſetzen, derſel-

ben

m) Strype, 1. 27.

ben wirklich das Monopolium dieser Waare. n)
Ueber keine Beschwerde klagte man zu dieser Zeit allgemeiner, als über die öftere Befreyung von Strafgesetzen. o)

In der That aber hatte die Krone die völlige
gesetzgebende Gewalt, mittelst der öffentlichen
Bekanntmachungen, die jede Sache von der
größesten Wichtigkeit treffen konnten, und wofür
die Sternkammer sorgte, daß ihnen genauer, als
den Gesetzen selbst, nachgelebt würde. Die Beweggründe dieser Bekanntmachungen waren zuweilen
sehr nichtsbedeutend, und sogar lächerlich. Der
Königin Elisabeth war der Geruch des Waids zuwider; und sie gab ein Verbot heraus, niemand
sollte diese nützliche Pflanze bauen. p) Sie beliebte
auch, an den langen Degen und großen Kragen
Anstoß zu nehmen, die damals Mode waren; und
sandte ihre Bediente umher, eines jeden Degen zu
zerbrechen, und eines jeden Kragen abzuschneiden,
die länger, als ein gewisses Maaß, waren. q)
Dieses Verfahren hat Aehnlichkeit mit dem Mittel
des

---

n) Rymer, 15, 756. D'Ewes, 645.

o) Murden, 325.

p) Townsend's journals, 250. Stow's annals.

q) ib. ib. Strype, 25, 603.

des Czaars Peters, seine Unterthanen zur Aenderung ihrer Kleidung zu bringen.

Der Königin Verbot der Prophezeihungen hatte zwar bessern Grund; es zeigt aber doch die unbegränzte Ausdehnung ihres Vorrechts. Nicht zweene oder drey Leute durften, ohne ihre Erlaubniß, zusammen kommen, die Schrift zu lesen, oder sich über die Religion zu unterreden, es mochte auch auf die rechtgläubigste Art geschehn.

Noch viele andre Zweige des Vorrechts vertrugen sich nicht mit einem rechten oder ordentlichen Genuße der Freyheit. Keiner vom hohen Adel durfte sich, ohne Erlaubniß des Monarchen, verheurathen. Die Königin ließ den Grafen von Southampton lange im Gefängnisse sitzen, weil er heimlich die Base des Grafen von Essex geheurathet hatte. r) Niemand durfte, ohne Einwilligung des Fürsten, reisen. Sir Wilhelm Evers mußte eine harte Verfolgung ausstehn, weil er sich erdreustet hätte, dem Könige von Schottland einen Besuch abzustatten. s)

In dem dreyzehnten Jahre der Königin lobte das Parlament sie, daß sie nicht die Gewohnheit ihrer

r) Birch's memoirs, 2, 421.
s) ib. 511.

Hume Gesch. XII. B. D

ihrer Vorfahren nachahmte, den Lauf der Gerechtigkeit durch besondre Befehle zu hemmen. t) Kein
Mißbrauch konnte größer, und kein Beweis einer
willführlichen Macht stärker seyn; und die Königin
war sehr zu loben, daß sie sich dessen enthielt: aber
beständig war sie durchaus nicht hierin. Unter den
öffentlichen Urkunden sind noch Befehle von ihr, daß
gewisse Personen nicht durften belanget werden; u)
und dieses Kraft ihres königlichen Vorrechts, das sie
sich nicht streitig machen ließe.

Es war sehr gewöhnlich unter Elisabeths Regierung, und vermuthlich unter allen vorhergehen-
den, daß hohe Adliche oder geheime Räthe jeden
gefangen setzten, der sich ihr Mißfallen dadurch zugezogen hatte, daß er seine gerechten Foderungen
machte; und wenn gleich ein solcher seine Sache vor
den Gerichten gewann, war er gemeiniglich genöthiget, sein Eigenthum hinzugeben, um seine Freyheit zu erlangen. Gleichmäßig sind einige, die
von dem Richter aus dem Gefängnisse befreyt waren,
wieder an geheime Oerter in Gewahrsam gebracht
worden, ohne eine Möglichkeit, ihre Befreyung zu
erlangen; und selbst die Bedienten und Serjeanten
der

---

t) D'Ewes, 141.

u) Rymer, 15, 652. 708. 777.

der Gerichte find geftraft worden, weil fie den
Schriften zum Beften diefer Perfonen nachgekom-
men waren. Ja es war gewöhnlich, Leute durch
Nachfetzer, eine Art von Raubvögeln, holen zu
laffen, die damals die Befehle des geheimen Raths
und der hohen Commißion ausrichteten; und man
brachte fie nach London, und zwang fie durch
Gefängniß, nicht nur ihre rechtmäßige Föderungen
aufzugeben, fondern auch den Nachfetzern große
Geldfummen zu bezahlen. Die Richter beklagten
fich, in dem vier und dreyßigften Jahre der Königin,
gegen ihre Majeftät über diefe vielfältige Gewohnheit. Es ift wahrfcheinlich, daß diefe Tyranney
nie höher getrieben ward, als unter Elifabeth;
weil das Parlament, das die Bitte um Recht
erlangte, keine neuere Beyfpiele davon fand. x)
Und felbft diefe Richter Elifabeths, die, fo das
Volk wider die Tyranney der Großen fchützten,
gaben doch ausdrücklich zu, wer durch einen
befondern Befehl der Königin in das Gefängniß
gefetzt wäre, der könnte nicht daraus befreyt
werden.

Man kann fich leicht einbilden, daß in einer
folchen Regierung, durch den Weg Rechtens, kein

O 2 Recht

___

x) Rufhworth, 1, 511. Franklyn's annals, 250. L.

Recht von dem Monarchen zu erlangen war, wenn
dieser es nicht selbst geben wollte. In der Seeunter-
nehmung Raleighs und Forbishers wider die
Spanier, im Jahre 1592, ward eine sehr reiche
Carak weggenommen, die 200,000 Pfund werth
war. Der Königin kam davon nur der zehnte Theil
zu: da aber die Beute so groß war, und so sehr die
Erwartung aller Abentheurer übertraf, beschloß sie
mit ihrem Antheile sich nicht zu begnügen. Raleigh
bat sie demüthig, und ernstlich, 100,000 Pfund,
statt aller Foderungen oder vielmehr Erpressungen
anzunehmen; und sagt, das Geschenk, das die
Eigenthümer ihr von 80,000 Pfund machen wollten,
wäre das größeste, das je ein Fürst von einem Unterthan empfieng. y).

Aber es ist kein Wunder, daß die Königin in
ihrer Staatsverwaltung so wenig Achtung für die
Freyheit bewies; da das Parlament selbst, in Ab-
fassung der Gesetze, so wenig darauf achtete. Die
Verfolgungsgesetze, die es wider die Papisten und
Puritaner gab, sind dem Geiste der Freyheit äußerst
zuwider; und da es der Tyranney der Priester und
Falschandächtigen eine so große Menge aussetzte,
gewöhnte es das Volk zu der unglücklichsten Unter-
wür-

y) Strype, 4, 128. L.

würfigkeit.   Ein andrer Beweis ihrer freywilligen
Knechtschaft war es, daß sie der Königin eine unbegränzte Obergewalt über die Kirche übertrugen, oder
was noch ärger ist, ihr diese als ein angebohrnes
Recht zuerkannten.

Das Gesetz des drey und zwanzigsten Jahrs
ihrer Regierung, das alle aufrührerische Worte
wider die Königin zu einem Todverbrechen machte,
ist auch sehr tyrannisch; und es ward davon zuweilen ein nicht weniger tyrannischer Gebrauch gemacht.   Die Begebenheit mit Udal, einem puritanischen Geistlichen, scheint selbst zu diesen eigenmächtigen Zeiten sonderbar.   Dieser Mann hatte ein Buch,
Beweis für die Kirchenzucht, herausgegeben,
worin er auf die Regierung der Bischöfe schmählete;
und obgleich er seinen Namen sorgfältig zu verhehlen
gesucht hatte,   ward   er   doch auf Verdacht ins
Gefängniß geworfen,   und   für dieses Vergehn zum
Verhöre gebracht.   Man behauptete, die Bischöfe
wären ein Theil des Staatskörpers der Königin;
und wider sie reden, hieße dieselbe angreifen, und
wäre also nach dem Gesetze eine Felonie.   Dieses
war nicht das einzige Unrecht, das Udal auszustehn
hatte.   Die Richter wollten dem geschwornen
Gerichte nicht zugestehn, etwas anders, als die
Frage auszumachen, ob Udal das Buch geschrieben

hät-

hätte, oder nicht? ohne seine Absicht, oder den
Verstand seiner Worte zu untersuchen. Zum Beweise der That brächten die Kronrechtsgelehrten
dem Gerichte nicht einen einzigen Zeugen: sie lasen
bloß das Zeugniß zweener Abwesenden vor, deren
einer sagte, Ubal hätte ihm gesagt, er wäre der
Verfasser; der andre, ein Freund Ubals hätte es
ihm gesagt. Sie wollten dem Ubal nicht erlauben,
einen Beweis zu seiner Rechtfertigung vorzubrin-
gen; welches, wie sie sagten, wider die Königin nie
verstattet würde. Sie legten ihm aber einen Eid
vor, womit er bekräftigen sollte, er wäre nicht
Verfasser des Buchs; und seine Weigerung, dieses
Zeugniß für sich zu geben, ward als der stärkste
Beweis seiner Schuld gebraucht. Es ist fast
unnöthig hinzuzusetzen, daß ungeachtet dieser ver-
vielfältigten Ungerechtigkeiten, von dem geschwornen Gerichte ein Todesurtheil wider Ubal ausgesprochen ward: denn da die Königin so sehr für
seine Verfolgung strebte, war es unmöglich,
daß er hätte entrinnen können. z) Er starb aber
in dem Gefängnisse vor der Vollstreckung des
Urtheils.

Das

z) State-trials, 1, 144. Strype, 4, 51. Life of
Whitgift, 343.

Das Schickſal eines Penry war, wo es
möglich iſt, noch härter.   Dieſer Mann war ein
eifriger Puritaner, oder vielmehr ein Broyniſt;
und hatte wider die geiſtliche Oberherrſchaft
verſchiedne Abhandlungen, z. B. Martin Mar-
Prälat, Theſes Martinianæ, und andre Auffätze
voll niedriger Spöttereyen, und muthwilliger
Stichelreden geſchrieben.   Nachdem er ſich einige
Jahre verſteckt hatte, ward er ergriffen, und weil
das Geſetz wider aufrühreriſche Worte erforderte,
der Verbrecher ſollte innerhalb einem Jahre nach
der Begehung verhört werden, ſo konnte man ihn
wegen ſeiner gedruckten Bücher nicht belangen.   Er
ward daher wegen gewiſſer Schriften, die man
bey ihm fand, zur Verantwortung gezogen, als
wenn er dadurch Meuterey angerichtet hätte. a)
Der Großſiegelbewahrer Puckering legte es ihm
auch fur Laſt, daß er in einigen dieſer Schriften,
„ nur Ihrer Majeſtät königliche Macht erkannte,
„ Kirchen- oder bürgerliche Geſetze einzuführen;
„ aber die gewöhnlichen Ausbrücke, machen,
„ anordnen, abfaſſen, vermieden hätte; welche,
„ wie der Großſiegelbewahrer ſagt, eine höchſt
„ unumſchränkte Gewalt einſchlieſſen. b) „ Penry

D 4   ward

a) ib. ib. b. 4, ch. 12. Neal, 564.
b) Strype, 4, 177.

warb' wegen diefer Vergehungen verurtheilt und
hingerichtet.

So haben wir nun gefehn, daß die höchft
unumfchränkte Gewalt des Monarchen, um mich
des Ausdrucks des Großfiegelbewahrers zu bedienen, fich auf mehr als zwanzig Aeften des Vorrechts ftützte, die jetzt abgefchaft find, und alle mit
einander fich mit der Freyheit des Unterthanen gar
nicht vertrugen. Noch wirkfamer aber beveftigten
die Knechtfchaft des Volks die herrfchenden Grund-
fätze diefer Zeit, die dem Fürften eine fo unbegränzte und unwiderftehliche Macht zueigneten,
die man als den Urfprung aller Gefetze annahm,
und die von keinem konnte eingefchränkt werden.
Die Predigten, die zum Gebrauche der Geiftlichen
herausgegeben wurden, und die fie jeden Sonntag
in allen Kirchen lefen mußten, fchärfen überall
einen blinden und unbegränzten, leidenden Ge-
horfam gegen den Fürften ein, von dem fie, aus
keiner Urfache und unter keinem Vorwande, in dem
kleinften Punkte abweichen, oder fich deffelben
weigern dürften. Man hat vielen Lärm gemacht,
da unter den folgenden Regierungen einigen Hof-
kapellanen erlaubt ward, folche Lehren zu predigen:
aber es ift ein großer Unterfchied zwifchen diefen
Predigten, und Reden, die auf Befehl heraus-

gegeben, von dem Fürsten und dem geheimen Rathe
gebilliget, und der ganzen Nation bekannt gemacht wurden c). Diese Grundsätze hatte überall
das Volk unter den Regierungen Elisabeths und
ihrer nächsten Vorgänger, so eingesogen, daß ein
Widerspruch gegen dieselben als die ärgste Meuterey angesehn, und nicht einmal durch jenes Lob
und jenen Beyfall belohnet wurde, die allein je-
manden unter solchen Gefahren und Verlegenhei-
ten aufrichten, die mit dem Widerstande gegen
eine tyrannische Gewalt verknüpft sind. Nur unter dem folgenden Stammhause wurzelten, und
verbreiteten sich die edlen Grundsätze der Freyheit,
und wurden unter dem Schirme puritanischer Un-
gereimtheiten, bey dem Volke zur Mode.

Es ist bemerkenswerth, daß der Vorzug, den
man gewöhnlich der unumschränkten Monarchie
zuschreibt, eine bessere Polizeyordnung und genauere
Befolgung der Gesetze, sich nicht bey der vorigen
englischen Regierung fanden, obgleich sie in vielen
Absichten unter diese Benennung gehörte. Ein Beweis dieser Wahrheit ist in einer einsichtsvollen

D 5 Schrift

c) Gifford, ein Geistlicher, ward 1584, aufgehangen,
  weil er einen begränzten Gehorsam gegen die bürgerliche Obrigkeit gepredigt hatte. Neal. 435.

Schrift enthalten, die Strype d) aufbewahret hat,
und die ein vortrefflicher Friedensrichter in Som-
mersetshire, in dem Jahre 1596 aufsetzte; gegen
das Ende der Regierung der Königin, wo man
glauben kann, daß das Ansehn dieser Fürstin durch
die Zeit völlig bestärket, und ihre Regierungsgrund-
sätze durch öftere Ausübung verbessert waren. Diese
Schrift enthält einen Bericht von den Unordnungen,
die damals in der Grafschaft Sommerset herrsch-
ten. Der Verfasser sagt, vierzig Personen waren
dort in einem Jahre, wegen Räuberey, Dieberey,
und andrer Felonien, hingerichtet; fünf und drey-
sig in der Hand gebrandmarket, sieben und drey-
sig gegeisselt, und hundert und drey und achtzig
losgelassen worden: Die man losgelassen hätte,
wären die boshaftesten und verzweifeltsten Leute
gewesen, woraus nie etwas Gutes werden könnte,
weil sie nichts thun wollten, und niemand sie in
Dienste nehmen würde: Ungeachtet dieser großen
Anzahl von Ahndungen, wäre nicht der fünfte Theil
der Felonien, die in der Grafschaft verübt wären,
zum Verhöre gebracht worden, sondern die meisten der Strafe entgangen, entweder durch die
stärkere List der Spitzbuben, oder durch die Un-

ächt-

---

d) Annals, 4, 290.

achtsamkeit der Obrigkeiten, und die thörichte Gelindigkeit des Volks: Die Räubereyen der unzähl-
baren Menge boshafter, herumlaufender und müßi-
ger Leute wären dem armen Landmanne unerträg-
lich, und zwängen ihn, immer für seine Schaf-
hürden, Weiden, Hölzungen und Kornfelder Wache
zu halten: Die andren englischen Grafschaften
wären in keinem bessern Zustande, als Sommer-
setshire, und viele in noch ärgerem: In jeder
Grafschaft wären wenigstens drey- oder vierhundert wohlbeleibte Landstreicher, die von Dieberey
und Raube lebten; und die zuweilen in Haufen
von funzig bis sechszig kämen, und die Landesinwohner plünderten: Brächte man alle Spitzbuben dieser Art zusammen, so könnten sie, wenn man
sie zur Unterthänigkeit anhielte, dem stärksten Feinde ihrer Majestät eine tapfre Schlacht liefern: Aber
die Obrigkeiten selbst würden abgeschrecket, Gerechtigkeit an ihnen auszuüben; und es wären
Beyspiele von Friedensrichtern, die wider die Landstreicher Strafen verordnet, und selbst die Befolgung ihrer eignen Befehle verhindert hätten, wegen der Gefahr, die ihnen von den Verbindungen
dieser Spitzbuben drohete.

In dem Jahre 1575 klagte die Königin in
dem Parlamente über die schlechte Ausübung der
Ge-

Gesetze; und drohete, wenn die Obrigkeit in Zu-
kunft nicht wachsamer wären, armen und dürfti-
gen Personen., die bey der genauern Handhabung
der Gerechtigkeit ihren Vortheil finden würden,
ihre Macht anzuvertrauen e). Es zeigt sich, daß
sie ihr Wort hielt. Denn 1601 erhoben sich in
dem Parlamente große Klagen über die Räuberey
der Friedensrichter; und ein Mitglied sagte, diese
Obrigkeit wäre ein Thier, das für ein halbes Du-
zend Küchlein von einem Dutzend Strafgesetzen
frey spräche f). Es ist nicht leicht, von dieser
Nachläßigkeit der Regierung und Verabsäumung
der Polizey, unter einer so wirksamen Regierung,
als Elisabeths war, einen Grund anzugeben. Das
geringe Einkommen der Krone ist die wahrschein-
lichste Ursache, die sich anführen läßt. Die Königin hatte es nicht in ihrer Macht, viele durch
Vortheile zu locken, daß sie ihr die Gesetze wirksam machen halfen.

Ueberhaupt haben die Engländer nicht Ursache, durch das Beyspiel ihrer Vorfahren, in das
Gemählde der unumschränkten Monarchie verliebt

zu

---

e) D'Ewes, 234.
f) ib. 661. 64.

zu werden; oder die unbegränzte Gewalt des Fürsten, und seine uneingeschränkten Vorrechte dieser
edlen Freyheit, dieser süssen Gleichheit, und dieser
glücklichen Sicherheit, vorzuziehn, wodurch sie sich
jetzt von allen Nationen der Welt unterscheiden.
Das Beste, was für die Regierung dieses Jahrhunderts, und vielleicht mit Wahrheit, kann gesagt werden, ist, daß die Macht des Fürsten,
ob sie gleich wirklich uneingeschränkt war, doch
nach europäischer Art ausgeübt ward, und nicht
in jeden Theil der Staatsverwaltung eingriff:
daß die Beyspiele der Ausübung eines hohen Vorrechts nicht so häufig wären, daß sie das Eigenthum merklich unsicher machten, oder das Volk
in eine gänzliche Knechtschaft stürzten: daß die
Freyheit vor dem Parteygeiste, die Geschwindig-
keit der Ausführung, und die Bereitschaft solcher
Maaßregeln, die man zum Angriff oder zur Vertheidigung nehmen konnte, einige Ersetzung für
den Mangel einer gesetzlichen und bestimmten Freyheit waren: daß, da der Fürst keine gedungne
Armee hatte, er stillschweigend einen gewissen Zwang
erkennen mußte, der die Regierung in jenem Mittel erhielt, wozu das Volk gewohnt war: und
daß diese Lage Englands in der That von einer
despotischen und östlichen Monarchie, ob sie sich

ihr

ihr gleich dem Scheine nach näherte, entfernter
war, als die jetzige Regierung dieses Königreichs,
worin das Volk, so sehr es durch vervielfältigte
Gesetze gedeckt ist, ganz entblößt, wehrlos, und
entwaffnet ist.

Wir wollen dieses Hauptstück mit einem kurzen Begriffe von den Einkünften der Kriegsmacht,
dem Handel, den Künsten und der Gelehrsamkeit
Englands in diesem Zeitraume, beschliessen.

Der Königin Elisabeth Wirthschaft war sehr
merkwürdig; und schien in einigen Fällen an den
Geiz zu gränzen. Die kleinste Ausgabe, wenn es
möglich war, sie zu ersparen, schien in ihren Augen beträchtlich; und selbst die Absendung eines
Boten in den bedenklichsten Vorfällen war ihr
nicht zu gering sich darum zu bekümmern g). Sie
war auch auf jeden Vortheil aufmerksam; und
ergriff Gelegenheiten zum Gewinne, die etwas auß-
serordentlich scheinen können. Sie hielt das Biß-
thum Ely neunzehn Jahre offen, um die Einkünfte
in ihre Tasche zu stecken h); und es war Gewohnheit bey ihr, wann sie einen Bischof einsetzte,
bey Gelegenheit das Bisthum einiger Lehnsgelder
zu

g) Birch's negot. 81.
h) Strype, 4, 354.

zu berauben i). Daß ihre Gemüthsart aber in
der That wenig oder nichts vom Geize hatte, das
erhellt aus diesem Umstande, daß sie nie einigen
Schatz sammlete; und sogar Subsidien von dem
Parlamente ausschlug, wann sie dieselben nicht
eben nöthig hatte. Doch müssen wir aus diesem
Umstande nicht schliessen, daß ihre Wirthschaftlich-
keit aus einer zärtlichen Sorgfalt für ihr Volk
entstand: denn dieses beschwerte sie mit Monopolien, und ausschliessenden Freyheitsbriefen, die
unendlich mehr drücken, als die schwersten Auflagen, die auf eine gesetzliche und ordentliche Art
eingehoben werden. Die wahre Quelle ihres spar-
samen Betragens floß aus ihrer Begierde zur Un-
abhänglichkeit, und ihrer Sorgfalt, ihre Würde
zu erhalten, die in Gefahr gerathen wäre, wenn
sie sich in die Nothwendigkeit versetzt hätte, oft
zu Parlamentsbeysteuern ihre Zuflucht zu nehmen.
Diesem Beweggrunde zufolge hielt die Königin,
obgleich sie in glücklichen und nothwendigen Kriegen verwickelt war, es für klüger, beständig die
königlichen Domainen zu verschleudern k), als die

mäßi-

i) ib) 215.

k) Rymer, 16, 141. D'Ewes, 161, 457. 545. 629.
Bacon, 4, 363.

mäßigsten Beysteuern von den Gemeinen zu verlangen. Da sie unvermählt war, und keinen Lei-
beserbe hatte, begnügte sie sich, ihren jetzigen
Gang beyzubehalten, obgleich auf Kosten ihrer
Nachfolger, die wegen dieser Staatsklugheit, wozu noch andre Zufälle kamen, sich plötzlich in den
äussersten Mangel versetzt sahn.

Der Glanz eines Hofes war in diesem Jahrhunderte ein grosser Theil der öffentlichen Last;
und da Elisabeth ein sonderliches Frauenzimmer
war, und in keiner Art von Pracht, ausser in Klei-
dern, Aufwand machte, machte dieser Umstand sie vermögend, mit ihren kleinen Einkommen grosse Dinge auszurichten. Sie soll vier Millionen Schulden abgetragen haben, die von ihrem Vater,
ihrem Bruder, und ihrer Schwester auf der
Krone hafteten; eine für diese Zeit unglaubliche
Summe l). Die Staaten waren, bey ihrem Tode,

ihr

---

l) D'Ewes, 473. Mir scheint es unmöglich, diesen Bericht von den öffentlichen Schulden, mit denen zu vereinigen, die Strype eccl. mem. 2, 344, angiebt,
daß im Jahre 1553, die Krone nur 300,000 Pfund
schuldig war. Ich gestehe, die letzte Summe ist um
ein grosses Theil wahrscheinlicher: denn das ganze Einkommen der Königin hätte in zehn Jahren nicht zuge-
reicht, um vier Millionen zu bezahlen.

ihr über 800,000 Pfund, und der König von Frankreich 450,000 schuldig m). Obgleich dieser Fürst
äusserst sparsam war, und nach dem Frieden
von Vervins beständig Schätze sammelte, konnte
die Königin ihn durch die dringendsten Vorstellungen doch nicht vermögen, diese Summen abzutragen, die sie ihn in seiner grössesten Noth so
großmüthig vorgestreckt hatte. Eine Zahlung von
20,000 Kronen, und eine andre von 50,000, waren alles, was sie durch die stärksten Vorstellungen erlangen konnte, die sie ihm von den Verle-
genheiten machte, worein die Empörung in Irland sie versetzt hatte n). Die Königin verwandte auf die Kriege mit Spanien zwischen 1589 und
93, 1,300,000 Pfund, ausser der doppelten Subsidie, die ihr das Parlament bewilligte, und die
sich auf 280,000 Pfund belief o). In dem Jahre
1,99, gab sie in sechs Monaten 600,000 Pfund
zu dem irländischen Kriege her p). Sir Robert
Cecil versicherte, daß ihr in zehn Jahren Irland
3,400000 Pfund kostete q). Sie machte dem Gra-

fen

m) Winwood, 1, 29. 54.
n) ib. 117. 395.
o) D'Ewes, 483'
p) Camden. 167.
q) Appendix to the Earl of Essex's apology.

Hume Gesch. XII. B. P

fen von Essex ein Geschenk von 30,000 Pfund,
da er zu der Statthalterschaft dieses Königreichs
abreisete r). Lord Burleigh rechnete aus, daß
der Werth der Geschenke, die sie diesem Lieblinge
machte, 300,000 Pfund betrug; ein Beweis ihrer
starken Liebe gegen ihn; Es war ein gemeines
Sprüchwort unter dieser Regierung, die Königin bezahlt gütig, ob sie gleich sparsam belohnet s).

Es ist schwer, der Königin ordentliches Einkommen genau auszurechnen; es war aber gewiß
weit unter 500,000 Pfund jährlich t). In dem
Jahre 1590, erhöhete sie die Zölle von 14000 Pfund
jährlich, zu 15,000; und zwang Sir Thomas
Smith, der sie gepachtet hatte, einige seiner vorigen Vortheile wieder aufzugeben u). Diese Ver-
besse-

---

r) Birch's mem. 2.

s) Nanton's regalia, ch. 1.

t) Franklin sagt, Annals, p. 9 das Einkommen des
Königreiches sey, ausser den Vormundschaften und
dem Herzogthume Lancaster, (die über 120000 Pfund
betrugen.) 188, 197 Pfund; die Kronländer scheinen
in dieser Berechnung mit begriffen zu seyn.

u) Camden, 558. Diese Nachricht verträgt sich schwer-
lich, oder unmöglich, mit dem Zustande der Zölle in
dem

Besserung des Einkommens schrieb man dem An-
geben eines gewissen Caermarden zu; und Burleigh, Leicester und Walsingham widersetzten sich
demselben heftig. Aber der Königin Beharrlich-
keit überwand allen ihren Widerspruch. Die grossen Unternehmungen, die sie mit einem so geringen Einkommen, und mit so kleinen Beysteuren
von ihrem Volke, ausführte, beweisen die mächtigen Wirkungen der Weisheit und Wirthschaftlich-
keit. Sie empfing von dem Parlamente, während ihrer ganzen Regierung, nur zwanzig Subsidien und neun und dreyßig Funfzehntheile. Es
ist nicht leicht, dem Betrag aller dieser Besteuern
genau zu berechnen; weil der Werth einer Subsidie beständig fiel, und am Ende ihrer Regierung
nur 80,000 Pfund betrug x), obgleich sie im Anfange 120,000 betragen hatte. Nehmen wir an,
daß die Beysteuern, die der Elisabeth in dem
45 Jahre Ihrer Regierung bewilliget wurden, sich
auf drey Millionen beliefen, so werden wir vermuthlich nicht weit von der Wahrheit entfernt

P 2 seyn

dem Anfange der folgenden Regierung, wie es sich
in den Tagebüchern der Gemeinen zeigt. Man sehe
in der Geschichte Jakobs des ersten, das erste Capitel.
x) D'Ewes, 630.

seyn y). Diese Summe beträgt nur 66,666 Pfund
im Jahre; und es ist erstaunlich, daß, indem
der Königin Foderungen so mäßig, und ihre Aus=
gaben sowohl geordnet waren, sie je einige Schwie=
rigkeit gefunden haben konnte, von dem Parla=
mente eine Beysteuer zu erlangen, oder gezwungen
wurde, Kronländer zu verkaufen. Aber das war
die ausschweifende, und ich möchte sagen, alberne
Sparsamkeit des Parlaments in diesem Zeitalter.
Sie achteten nichts, in Vergleichung mit ihrem
Gelde: die Mitglieder hatten keine Verbindung
mit dem Hofe; und selbst ihr Begriff von dem
Vertrauen, das man auf sie setzte, war, daß
sie die Foderungen der Krone einschränkten, und
so wenige Beysteuern gaben, als möglich wäre.
Die Krone hingegen betrachtete das Parlament in
keinem andern Lichte, als wie ein Werkzeug zu
Beysteuern. Die Königin Elisabeth machte sich bey
dem Volke ein Verdienst dadurch, daß sie selten
Parlamenter versammelte z). Man erwartete von
die=

y) Lord Sallsbury rechnet sie auf 2, 800000 Pfund;
Journ. 1609, 17 Febr. Der König Jakob irrte ge=
wiß, wenn er die Beysteuren der Königin jährlich auf
135,000 Pfund rechnete. Franklyn, 49.

z) Strype, 4, 124.

diefen Verfammlungen keine Hülfe gegen die Be-
fchwerden; und man glaubte, fie hielten nur ihre
Sitzungen, um Auflagen zu machen.

Vor der Königin Elifabeth Regierung wand-
ten fich gewöhnlich die englifchen Könige, wegen
freywilliger Darlehne, an die Stadt Antwerpen;
und ihr Credit war fo fchwach, daß fie auffer
dem ausfchweifenden Zinfe von zehn oder zwölf
Procent, genöthiget waren, die Stadt London zum
Bürgen zu ftellen. Sir Thomas Grefham, jener
groffe und unternehmende Kaufmann, und eine
der Hauptzierden diefer Regierung, beredete die
Gefellfchaft der wagenden Kaufleute, der Königin
ein Darlehn zu bewilligen; und da das Geld ordentlich wieder bezahlt ward, beveftigte fich ihr
Credit in der Stadt allmählig, und fie entzog
fich der Abhängigkeit von Fremden a).

In dem Jahr 1559 brauchte die Königin den
Grefham, ihr 200,000 Pfund zu Antwerpen zu
lehnen, womit fie fich in den Stand fetzte, den
Münzfuß zu verbeffern, der damals aufferordent-
lich heruntergefetzt war b). Sie war fo unpo-

P 3 litifch,

a) Stowe's furvey of London, 1 book, 286.
b) Mf. of Lord Royfton's, from the paperoffice,
295.

litisch, sich selbst eine Neuerung der Münze zu machen; indem sie ein Pfund Silber, statt der 60
Schillinge, als dem vorigen Fuße, in 62 theilte.
Dies ist das letzte mal, daß in England der Münzfuß geändert ward.

Da die Königin merkte, wie sehr die Vertheidigung ihres Königreichs von dessen Seemacht
abhing, war sie eifrig in der Beförderung des
Handels und der Schiffahrt. Da aber ihre Monopolien allen einheimischen Fleiß erstickten, der
doch weit mehr, als auswärtiger Handel, werth
und die Grundveste desselben ist: so war der allgemeine Gang ihres Verfahrens sehr schlecht darauf eingerichtet, die Absicht zu befördern, die ihr
Zweck war, und noch weniger den Reichthum ihres Volks zu vermehren. Die ausschliessenden Gesellschaften waren auch ein unmittelbares Hinderniß des auswärtigen Handels. Doch gieng ungeachtet dieser Widerwärtigkeiten der Geist dieses
Jahrhunderts sehr auf Seeunternehmungen; und
ausser den Kriegsthaten wider die Spanier, machte
man viele Versuche zu neuen Entdeckungen, und
eröffnete viele neue Wege des auswärtigen Handels der Engländer. Sir Martin Forbisher unternahm drey fruchtlose Reisen, um die nordwest-
liche Durchfahrt zu entdecken: Davis ließ sich

durch

durch diesen übeln Erfolg den Muth nicht beneh-
men, sondern machte einen neuen Versuch, und
entdeckte die Straße, die man nach seinem Namen nennt. In dem Jahre 1600 gab die Königin der ostindischen Gesellschaft den ersten Freyheitsbrief: das Capital derselben war 72000 Pfund,
und sie rüstete vier Schiffe zu diesem neuen Zweige
ihres Handels aus, die Jakob Lancaster führte.
Das Unternehmen ging glücklich; die Schiffe kamen mit einer reichen Ladung zurück, und machten der Gesellschaft Lust, diesen Handel fortzusetzen.

Die Gemeinschaft mit Rußland war zur Zeit
der Königin Maria, durch die Entdeckung des
Weges nach Archangel, angefangen worden: aber
der Handel nach diesem Lande ward erst gegen das
Jahr 1569 recht ausgebreitet. Die Königin erlangte von dem Czaar einen ausschliessenden Freyheitsbrief auf den ganzen Handel nach Rußland
für die Engländer c); und sie machte sowohl ein
persönliches als Nationalbündniß mit ihm. Dieser Czaar hieß Jwan Wasileiewitsch, ein sehr wüthender Tyrann, der beständig einen Aufruhr seiner Unterthanen fürchtete, und sich deswegen eine
sichre Zuflucht und Schutz in England ausbe-

P 4　　　　　　　　bung.

c) Camden, 408.

dung. Um sich dieses Rettungsmittels desto besser zu versichern, that er den Antrag, sich mit einem englischen Frauenzimmer zu vermählen; und die Königin wollte ihm Lady Anna Hastings, eine Tochter des Grafen von Huntingdon, hinübersenden: da aber die Lady von den barbarischen Sitten des Landes unterrichtet ward, schlug sie es weislich aus, ein Kaiserthum auf Kosten ihres Vergnügens und ihrer Sicherheit zu kaufen d).

Durch die Vorrechte aufgemuntert, die Iwan den Engländern ertheilte, wagten sie sich weiter in diese Länder, als irgend andre Europäer bisher gethan hatten. Sie brachten ihre Güter, in Böten, die ganz von einem Stücke gemacht waren, die Dwina hinauf, und kamen durch Ziehn und Rudern bis nach Walorda. Von da brachten sie dieselben sieben Tagereisen lang, zu Lande nach Jeroslow, und dann die Wolga hinunter nach Astrachan. Zu Astrachan bauten sie Schiffe, fuhren auf der kaspischen See, und verführten ihre Waaren nach Persien. Von diesem kühnen Versuche aber wurden sie so abgeschreckt, daß sie ihn nie wiederholten e).

Nach

d) Camden, 493.
e) ib. 418.

Nach dem Tode des Czaars Iwan, widerrief sein Sohn Theodor, die von jenem den Engländern ertheilte Freyheit zum ausschliessenden ruf-
fischen Handel: und da die Königin wider diese
Neuerung Vorstellungen that, sagte er ihren Ministern, Fürsten müßten, sowohl zwischen ihren
Unterthanen, als zwischen Fremden, mit gleich
vertheilender Hand messen; und nicht den Handel,
der nach dem Völkerrechte allen gemein seyn müßte,
in ein Monopolium zum Privatgewinne weniger
verwandeln f). So viel richtigere Begriffe von
dem Handel hatten diese Barbaren, als die be-
rühmte Königin Elisabeth in Ausübung brachte!
Indessen ließ Theodor den Engländern einige Vorrechte, weil sie den ersten Weg zur Gemeinschaft
zwischen Europa und diesem Lande entdeckt hatten.

Der Handel nach der Türkey war um das
Jahr 1583, angefangen worden; und Elisabeth
schränkte ihn sogleich auf eine Gesellschaft ein.
Vor dieser Zeit hatte der Großherr sich England
immer als eine abhängige Provinz von Frankreich vorgestellt g): da er aber von der Königin
Macht und Ruhm gehört hatte, gewährte er den

P 5 Eng-

f) ib. 493.
g) Birch I. 156.

Engländern eine gütige Aufnahme, und ertheilte ihnen noch grössere Vorrechte, als er den Franzosen zugestanden hatte.

Die Kaufleute der Hansestädte klagten, im Anfange der Regierung Elisabeths, laut über die Begegnung, die ihnen zu den Zeiten des Königs Eduards und der Königin Maria widerfahren war. Sie antwortete ihnen sehr bedächtlich, da sie in keinem Stücke Neuerung machen wollte, so würde sie die Hansestädte auch immer bey den Vorrechten und Freyheiten schützen, in deren Besitze sie dieselben fände. Da sie aber durch diese Antwort nicht befriedigt wurden, ward ihr Handel bald nachher eine Zeitlang aufgehoben, zum grossen Vortheile der englischen Kaufleute, die jetzt selbst versuchten, was sie zur Beförderung ihres eignen Fleisses wirken könnten. Sie nahmen den ganzen Handel selbst in ihre Verwaltung; und da sie ihr Geld mit Vortheil wieder gewonnen, theilten sie sich selbst in Stapler und wagende Kaufleute, deren erstere beständig an einem Orte blieben, die andern aber ihr Glück in andern Städten und Ländern, mit Tüchern und andern Manufacturen versuchten. Dieser gute Erfolg erbitterte die Hanseestädte so sehr, daß sie alle Mittel versuchten, worauf ein mißvergnügtes Volk verfallen konnte,

um

am von den englischen Kaufleuten bey andern Nationen und Staaten eine üble Meinung zu erwe-
cken. Es glückte ihnen soweit, daß sie einen kai-
serlichen Befehl auswirkten, der den englischen
Kaufleuten allen Handel im deutschen Reiche un-
tersagte: die Königin aber behielt zur Vergeltung,
60 ihrer Schiffe, die in dem Flusse bey Lisbon,
mit Conterbandewaaren der Spanier waren aufgebracht worden. Diese Schiffe würde die Königin ihnen wieder gegeben haben, weil sie alle Zwi-
stigkeiten mit diesen Handelsstädten einzustellen
wünschte: da sie aber erfuhr, man hätte zu Lübeck
eine allgemeine Versammlung gehalten, um Maaßregeln zur Störung des englischen Handels zu
verabreden; ließ sie die Schiffe und Ladungen con-
fisciren, und nur zwey derselben wieder nach Hause
gehn, um die Nachricht zu überbringen, und diesen Staaten anzuzeigen, daß sie die grösseste ersinnliche Verachtung gegen alle ihre Unternehmungen hegte h).

Da Heinrich der achte eine Flotte ausrüsten
wollte, war er genöthiget, von Hamburg, Lübek,
Danzig, Genua und Venedig Schiffe zu miethen:
aber Elisabeth setzte bald in dem Anfange ihrer Regierung

h) Lives, of the Admirals, I, 470.

gierung die Sachen auf einen bessern Fuß; indem sie sowohl selbst einige Schiffe bauen ließ, als die Kaufleute ermunterte, grosse Handelsschiffe zu bauen, die gelegentlich in Kriegsschiffen verwandelt wurden i). In dem Jahre 1582 rechnete man die Seeleute in England auf 14,295 Mann k); die Anzahl der Schiffe auf 1232, worunter allein 217 über 80 Tonnen hielten. Monson berechnet, daß, obgleich die Schiffahrt in den ersten Jahren Jakobs des ersten, durch die Gewohnheit der Kaufleute abnahm, die ihren Handel mit fremden Fahrzeugen führten l), dennoch vor 1630, jene Anzahl der Seeleute in England dreyfach war m).

Die Flotte, die bey ihrem Absterben die Königin hinterließ, scheint beträchtlich, wenn wir bloß die Anzahl der Schiffe bedenken, deren 42 waren: erwägen wir aber, daß keines über 40 Canonen führte, daß nur vier diese Anzahl hatten, die nur zwey Schiffe 1000 Tonnen enthielten, und 23 unter 500, einige 50, und einige nur 20; daß die ganze Anzahl der Canonen, die zur Flot-

---

i) Camden, 388.

k) Monson, 256.

l) Ib 300.

m) ib. 210 256.

Flotte gehörten, 774 war; n); so müssen wir einen sehr verächtlichen Begriff von der englischen Flotte hegen, wenn wir sie mit der Macht vergleichen, die sie jetzt erreicht hat. In dem Jahre 1588 waren nicht über fünf Schiffe unter denen, die der hohe Adel und die Seestädte ausrüsteten, welche über 200 Mann an Bord gehabt hätten o).

In dem Jahr 1599 besorgte man eine Landung der Spanier; und die Königin rüstete eine Flotte aus, und warb eine Armee, innerhalb vierzehn Tagen, um ihnen zu widerstehn. Nichts gab den Ausländern einen höhern Begriff von der Macht Englands, als die so schnelle Rüstung. In dem Jahre 1575 rechnete man die Kriegsmacht in dem Königreiche auf 182,929 Mann p). In dem Jahre 1595 machte man eine Vertheilung von 140,000 Mann, ausser denen, die Wallis aufstellen konnte q). Diese Armeen waren furchtbar durch ihre Anzahl; aber ihre Kriegszucht und Erfahrenheit hatten kein Verhältniß dazu. Es kamen oft kleine Hau

n) ib. 196. Jetzt führt die englische Flotte über 14,000 Canonen.

o) ib. 300.

p) Lives, of the Admirals, 452.

q) Strype, 4, 221.

Haufen von Dünkerken und Nieuport hinüber, und plünderten die östliche Küste; denn die Kriegsmacht war so, wie sie damals im Stande war, ungeschickt zur Vertheidigung des Königreichs. Die Lord-Lieutenants in den Grafschaften wurden erst unter dieser Regierung eingesetzt.

Murden hat eine Schrift herausgegeben r), woraus man die Kriegsmacht der Nation, zur Zeit der spanischen Armada ersieht, und die ein wenig von dem Berichte abgeht, den unsre andern Geschichtschreiber geben. Nach derselben beträgt die ganze diensttüchtige Mannschaft des Königreichs 111,513; die Bewaffneten darunter, 80,875; von denen 44,727, geübte Soldaten waren. Man muß voraussetzen, daß diese diensttüchtige Mannschaft nur diejenigen unter sich begriff, die eingezeichnet waren; sonst läßt sich die geringe Anzahl nicht erklären. Doch sagte Sir Eduard s) in dem Hause der Gemeinen, ihm wäre um diese Zeit, nebst dem Lord Oberrichter Popham aufgetragen worden, alles Volk in England zu zählen; und sie hätten es 900,000 stark gefunden, alle Arten von Leuten zusammen genommen. Diese

An

r) 608.

s) Journ. 1621. 25 April.

Anzahl setzt, nach den ordentlichen Regeln der Berechnung, voraus, daß 200,000 Mann im Stande waren, die Waffen zu führen. Doch ist selbst diese Anzahl erstaunlich gering. Können wir annehmen, daß jetzt das Königreich siebenmal mehr bevölkert ist? und daß Murdens Anzahl die rechte war, mit Ausschließung der Katholiken und Untüchtigen?

Welche Meinung wir auch von der vergleichbaren Bevölkerung Englands in diesen beiden Zeiträumen fassen, so muß man zugeben, daß seit dem Anfange dieses letzten Jahrhunderts, vielleicht mehr in diesem als in irgend einem andern europäischen Staate, die Macht bewundernswürdig zugenommen hat. Es würde nicht widersinnig seyn, zu behaupten, daß Irland allein jetzt eine größere Macht aufbringen könne, als alle drey Königreiche bey dem Tode der Königin Ellsabeths zu thun vermochten. Und wir können noch weiter gehn, und behaupten, daß eine gute Grafschaft Englands im Stande ist, eine größere Unternehmung zu wagen, oder wenigstens auszuhalten, als das ganze Königreich unter Heinrich dem Fünften; da die Unterhaltung einer Besatzung in einer kleinen Stadt, wie Calais, mehr, als ein Drittheil der ordentlichen Nationalausgaben war. Das sind die Wirkungen der Freyheit, des Fleißes, und einer guten Regierung.!

Der

Der Zustand der englischen Manufakturen war zu dieser Zeit sehr schlecht; und fast in allen Gattungen hatten ausländische Waaren den Vorzug. t) Um das Jahr 1590, standen alleine vier Personen in London, in den Subsidien Büchern zu 400 Pfund angeschrieben. u) Diese Berechnung kann man aber nicht als eine genaue Schatzung ihres Reichthums annehmen. In dem Jahr 1567 fand man bey Untersuchung, 4851 Fremde von allen Nationen in London; worunter 3838 Holländer, und nur 58 Schotten waren. x) Die Verfolgungen in Frankreich und den Niederlanden, trieben nachher eine größere Anzahl Fremde nach England; und der Handel sowohl als die Manufakturen dieses Königreichs wurden durch sie sehr verbessert. y) Damals bauete Sir Thomas Gresham, auf seine Kosten, das prächtige Gebäude der Börse zum Aufenthalt der Kaufleute, die Königin besuchte dieselbe, und gab ihr den Namen der königlichen Börse.

Zween Versuche machte man unter dieser Regierung, Pflanzstädte in America anzulegen; Sir Humfried Gilbert in Newfauntland, und Sir

Wal

---

t) D'Ewes, 505.
u) ib. 497.
x) Haynes, 461. §.
y) Stowe, 668.

Walter Raleigh in Virginien: aber keiner dieser
Entwürfe hatte einen glücklichen Erfolg. Alle diese
berühmten Plätze wurden erst unter den folgenden
Regierungen angelegt. Die gangbare Münze des
Königreichs, bey dem Ende dieser Regierung, rech-
nete man auf 4 Millionen. z)

Der hohe Adel behauptete noch in diesem Jahrhunderte, in gewissem Grade den alten Glanz in
seiner Gastfreyheit und der Menge seiner Leute; und
die Königin fand es der Klugheit gemäß, durch eine
öffentliche Bekanntmachung ihren Aufwand in dem
letzten Stücke einzuschränken. a) Den Aufwand
der Gastfreyheit beförderte sie selbst einigermaßen
durch die häufigen Besuche, die sie bey ihren Großen
abstattete, und die prächtigen Gastmähler, womit
sie sich von ihnen bewirthen ließ. Der Graf von
Leicester gab ihr ein Fest zu Knilworth-Castle, das
an Aufwand und Pracht außerordentlich war.
Unter andern Umständen erzählt man, daß 365
Tonnen Bier dabey ausgetrunken wurden. b) Der
Graf hatte dieses Schloß mit großen Kosten
bevestigen lassen; und es enthielt Waffen für
10,000 Mann. c) Der Graf von Derby hielt 240

Bo

---

z) Lives of Admirals, 1, 475.   a) Strype, 3, app. 54.
b) Biogr. brit. 3, 1791.   c) Strype, 3, 394.

Bedienten. d) Stowe bemerkt es als einen sonder-
baren Beweis der Güte dieses Herrn, daß er sich mit
dem jährlichen Einkommen von seinen Pächtern
begnügte, und keine außerordentliche Dienste von
ihnen erzwang; ein Beweis, daß die unumschränkte Gewalt des Monarchen, (wie fast unver-
meidlich war,) den hohen Adel in der Unterdrückung
des Volks allgemein unterstützte. So sparsam
Burleigh war, hielt er doch 100 Bediente, und hatte
nicht einmal Vermögen von seinem Vater. e) Er
hielt eine beständige Tafel für den niedern Adel,
und zwo andre für Personen geringern Standes;
die allezeit gleich besetzt waren, er mochte in der
Stadt, oder auf dem Lande seyn. Um sich hatte er
Leute von angesehenem Stande, so daß er 20
Edelleute, die jeder 1000 Pfund jährlich hatten,
zu seinen Untergebnen zählte; und eben so viele
unter seinen ordentlichen Bedienten, die 1000 bis
3, 5, 10, und 20,000 Pfund Vermögen hatten. f)
Es ist auch anzumerken, daß obgleich das Einkommen der Krone zu der Zeit sehr gering war, doch die
Minister und Hofleute Mittel fanden, durch den
Gebrauch des übermäßigen Vorrechts, weit größere
Güter zu erwerben, als ihnen jetzt bey ihren größern

Be-

d) Stowe, 674.
e) Strype, 3, 139. append.
f) Biogr. brit.-2267.

Befoldungen, und bey mehr eingeschränkter Gewalt möglich ist.

Obgleich aber große Ueberbleibsel der alten Sitten beybehalten wurden, so gewann doch allmählig der hohe Adel einen Geschmack an der feinen Ueppigkeit; und bauete besonders viele Gebäude zierlich, groß und kostbar, zur großen Zierde des Königreichs, wie Camden sagt; g) aber nicht zu geringerem Verfalle der rühmlichen Gastfreyheit der Nation. Indessen ist es vernünftiger, zu denken, daß diese neue Wendung des Aufwandes, Künste und Fleiß beförderte; da die alte Gästfreyheit die Quelle des Lasters, der Unordnung, des Aufruhrs, und des Müßiggangs war.

Unter andern Arten der Ueppigkeit fieng in diesem Jahrhunderte der Putz an sehr zuzunehmen; und die Königin fand es dienlich, ihn durch eine öffentliche Bekanntmachung einzuschränken. h) Ihr Beyspiel war ihren Befehlen sehr wenig gemäß. Da kein Frauenzimmer je von seiner Schönheit mehr eingenommen, oder begieriger war, Eindruck auf die Herzen der Anschauer zu machen; so begieng keines je größere Ausschweifungen im Putze, und keine sann mehr auf die Abwechslung und Pracht ihrer Kleider. Sie erschien fast jeden Tag in einem

Q 2   ver=

g) 452.   h) ib.

verschiednen Anzuge; und versuchte alle Art von
Moden, wodurch sie sich annehmlicher zu machen
hoffte. Sie war auch so verliebt in ihre Kleider,
daß sie nie eins weggab; und bey ihrem Tode
hatte sie in ihrer Kleiderkammer alle verschiedne
Anzüge, die sie in ihrem Leben getragen hatte,
3000 an der Zahl. i)

Die Einschränkung der alten Gastfreyheit und
die Verminderung der Bedienten waren dem Vorrechte des Monarchen vortheilhaft: denn indem sie
die Großen zum Widerstande unfähig machten,
beförderten sie die Handhabung der Gesetze, und
erweiterten die Gewalt der Gerichtshöfe. Viele
Nebenursachen in der Verfassung und Denkart
Heinrichs des Siebenten vergrößerten das Ansehn
der englischen Krone: die meisten derselben trafen
auch bey den folgenden Fürsten zusammen; und
noch dazu die Glaubenspartheyen, und die Erlangung der Obermacht über die Kirche, ein höchst-
wichtiger Theil des königlichen Vorrechts: Aber die
Sitten des Zeitalters waren eine allgemeine Ursache,
die in diesem ganzen Zeitraume wirkte, und beständ-
dig die Reichthümer, und noch mehr den Einfluß
der Aristokratie verminderte, die von Alters her
der Krone so fürchterlich waren. Die Gewohnheit
der

i) Carte. 3, 702. aus Beaumonts Depeschen.

der Ueppigkeit zerstreuete die unermeßlichen Güter
der alten Baronen: und da die neuen Arten der
Ausgaben, Künstlern und Kaufleuten Unterhalt
verschaften, die unabhängig von den Früchten ihres
eignen Fleißes lebten; so behielt ein Adlicher, statt
des unbegränzten Ansehens, das er sich über die
herauszunehmen gewohnt war, die er an seiner
Tafel unterhielt, oder die von seinen Besoldungen
lebten, nur das mäßige Gewicht, das Zollpächter
bey Kaufleuten haben, und das nie der bürgerlichen
Regierung gefährlich seyn kann.   Da die Land-
eigenthümer auch größern Mangel an Geld, als
an Leuten hatten, suchten sie ihre Ländereyen am
nutzbarsten zu machen, indem sie entweder ihre
Felder einschloffen, oder aus vielen kleinen Pacht-
stücken wenigere große machten, und jene unnütze
Leute gehn ließen, die vorhin allezeit auf ihren Ruf
zu jeder Unternehmung bereit waren, um die
Regierung zu Grunde zu richten, oder sich einem
benachbarten Baron zu widersetzen.   Durch alles
dieses kamen die Städte in Aufnehmen; der Mittel-
stand fieng an, reich und mächtig zu werden; dem
Fürsten, der in der That mit dem Gesetze eins war,
ward blindlings gehorcht; und obgleich der weitere
Fortgang derselben Ursachen einen neuen Entwurf
der Freyheit hervorbrachte, der sich auf den Vorrech-

ten der Gemeinen gründete, so machte sich doch in der
Zwischenzeit zwischen dem Falle des hohen Adels, und
dem Auffommen dieses andern Standes, der Monarch
der gegenwärtigen Lage zu Nutzen, und nahm sich fast
eine unumschränkte Gewalt heraus.

Was man auch gemeiniglich, auf das Ansehn
des Lords Bacon, oder Harringtons und neuerer
Schriftsteller, glauben mag; so trugen doch die
Gesetze Heinrichs des Siebenten sehr wenig zu den
großen Veränderungen bey, die um diese Zeit in
der englischen Staatsverfassung erfolgten. Die
Gewohnheit, unveräußerliche Erbgüter, durch eine
erkaufte Freyheit zu entäußern, war unter den
vorigen Regierungen eingeführt worden; und dieser
Fürst gab nur indirekte der Gewohnheit eine
gesetzliche Kraft, indem er gewiffe Mißbräuche
abschafte, die damit verbunden waren. Aber die
bestimmte Gewalt, die er der Krone erwarb, setzte
den Monarchen in den Stand, Eingriffe in die
getrenneten Gerichtsbarkeiten der Baronen zu thun,
und wirkte eine allgemeinere und ordentlichere
Handhabung der Gesetze. Die Pfalzgraffchaften
erfuhren einerley Schicksal mit den Lehnsgerichts-
barkeiten; und durch eine Verordnung Heinrichs
des Achten, k) ward die Gerichtsbarkeit dieser

Graf-

k) 27, Hen. VIII. c. 24.

Grafschaften mit der Krone verbunden, und alle
Schriften wurden nur unter des Königs Namen
ausgefertigt. Aber die Veränderung der Sitten
war die Hauptursache der geheimen Umänderung
der Regierung, und stürzte die Macht der
Baronen.

Die Gelehrsamkeit ward bey ihrer ersten
Wiedererneuerung von den englischen Fürsten und
Großen im hohen Werthe gehalten; und da sie jetzt
noch nicht so feil ward, daß sie gar zu gemein
war, so hielten selbst die Großen es für einen
Gegenstand ihres Ehrgeizes, einen Ruhm in den
schönen Wissenschaften zu erlangen. Vier Monarchen nacheinander, Heinrich, Eduard, Maria und
Elisabeth, können aus einer oder der andern Ursache, in die Klasse der Schriftsteller gesetzt werden.
Die Königin Katharina Parr übersetzte ein Buch;
die Lady Johanna Gray, kann man, im Betrachte
ihres Alters, ihres Geschlechts und ihres Standes,
als ein Wunder der Gelehrsamkeit ansehn. Sir
Thomas Smith, ward aus einem Professor zu
Cambridge, erst Gesandter am französischen Hofe,
und dann Staatssecretair. Die Depechen dieser
Zeiten, unter andern die von Burleigh selbst, sind
sehr häufig mit Stellen aus den alten Griechen und
Lateinern gespickt. Selbst die Hofdamen bildeten

Q 4

sich

sich auf Wissenschaft etwas ein: Lady Burleigh, Lady Bacon, und ihre zwo Schwestern, waren sowohl in den alten als neuen Sprachen Meisterinnen; und wußten sich mehr mit ihrer Gelehrsamkeit, als mit ihrem Stand und Eigenschaften.

Die Königin Elisabeth schrieb, und übersetzte verschiedne Bücher; und die griechische, nebst der lateinischen Sprache waren ihr genau bekannt. Man giebt vor, sie habe aus dem Stegreife die griechische Anrede der Universität Cambridge in derselben Sprache beantwortet. So viel ist gewiß, daß sie, ohne vorher darauf gedacht zu haben, auf eine sehr lebhafte Art, dem polnischen Gesandten, der es an Ehrerbietung gegen sie hatte ermangeln lassen, lateinisch antwortete. Da sie aufgehöret hatte, kehrte sie sich um zu ihren Hofleuten, und sagte: „Gott tödte mich! Mylords, (denn sie „war dem Fluchen sehr ergeben,) ich bin heute ge- „zwungen gewesen, mein altes Latein wieder auf- „zuputzen, das so lange gerostet ist." 1) Elisabeth ließ auch, nachdem sie Königin geworden war, nicht ganz den Ehrgeiz fallen, sich als Schriftstellerin zu zeigen; und nächst ihrer Begierde nach der Bewunderung ihrer Schönheit, scheint dieses der Hauptgegenstand ihrer Eitelkeit gewesen zu seyn. Sie über-

- 1) Speed.

übersetzte den Boethius von dem Troste der Welt-
weisheit; um, wie sie vorgab, ihren Gram über
Heinrichs des Vierten Glaubensveränderung zu
lindern. So weit wir von Elisabeths Aufsätzen
urtheilen können, dürfen wir wohl sagen, daß ungeachtet ihres Fleißes und ihrer vortrefflichen
Gaben, ihr Geschmack in den schönen Wissenschaften sehr mittelmäßig war; in diesem Stücke
übertraf sie sogar ihr Nachfolger, der selbst
noch lange kein rechtes Muster der Beredsamkeit
war.

Zum Unglücke für die schönen Wissenschaften,
wenigstens für die Gelehrten dieses Jahrhunderts,
bestand der Königin Eitelkeit mehr darin, daß sie
durch ihre eigne Gelehrsamkeit schimmern, als gute
Köpfe durch ihre Freygebigkeit ermuntern wollte.
Spencer selbst, der zierlichste englische Schriftsteller
seines Jahrhunderts, ward lange nicht geachtet;
und nach dem Tode seines Beschützers, Sir Philipp
Sidneys, ließ man ihn fast vor Noth umkommen.
Dieser Dichter hat große Schönheiten, einen sanften
und harmonischen Versbau, einen leichten Ausdruck,
eine feine Einbildungskraft: doch wird die Lesung
seines Werks so verdrießlich, daß man es nie wegen
des bloßen Vergnügens, das es anbeut, durchlieset;
es wird bald eine Art von Tagewerk, und es erfobert.
eine

eine gewiſſe Anſtrengung und Entſchlieſſung uns bis
an das Ende ſeines langen Werks fortzuſchleppen.
Dieſe Wirkung, deren ſich jeder bewußt iſt, ſchreibt
man gewöhnlich der Veränderung der Sitten zu:
Aber dieſe haben ſich noch mehr ſeit Homers Zeiten
verändert; und doch bleibt dieſer Dichter immer der
Liebling jedes Leſers von Geſchmack und Einſicht.
Homer ſchilderte wahre natürliche Sitten, die ungeachtet ihrer Rauhigkeit und Ungeſchliffenheit, immer ein annehmliches und anziehendes Gemählde
ſeyn werden: Aber der Pinſel des engliſchen Dich-
ters ward zur Schilderung des gezwungnen Aeußern,
der Einfälle und Thorheiten der Ritterſchaft gebraucht, die lächerlich ſcheinen, ſobald ſie die Empfeh-
lung der Mode verliehren. Der Ueberdruß einer
fortgeführten Allegorie, die noch dazu gar zu ſelten
treffend oder witzig iſt, hat auch die Fairy Queen
beſonders langweilig machen helfen; ohne ſeiner
gar zu häufigen Beſchreibungen und ſchläfrigen
Stanzen zu erwähnen. Ueberhaupt behauptet
Spencer ſeinen Platz in der Bibliothek unſerer klaſ-
ſiſchen Schriftſteller: aber man ſieht ihn ſelten auf
dem Tiſche; und kaum wird einer, wenn er frey-
müthig ſeyn will, nicht geſtehn, daß er, ungeachtet
alles Verdienſtes als Dichter, eine Unterhaltung
darbeut, wovon man ſatt wird. Verſchiedne neuere
Schriftſteller haben ſich beſchäftiget, Spencers
Schreibart nachzuahmen, und keine Nachahmung iſt
ſo mittelmäßig geweſen, daß ſie nicht große Aehnlichkeit mit der Urſchrift gehabt hätte; ſeine Manier iſt
ſo ſchön, daß es faſt unmöglich iſt, nicht etwas davon
in die Nachahmung hinüberzubringen.